Efik Family Dictionary
Efik-English

kasahorow

Designed in Africa
Revised 2022-01-14
© 2018
KWID: D-KKKK1-EFI-EN-2022-01-14

Esi S.

Contents

Mmi Ufok Emana ::: My Family — 3
    Ekam ::: Grandmother 4
    Ama ::: Mum 6
    Ebiet Unam Udia ::: Kitchen 8
    Awan ::: Wife 9
    Eyin ::: Kid 10
    Ayeyen ::: Grandchild 11
    Udod Ayeyen ::: Great-Grandchild 12
    Ufan ::: Friend 12

Efik-English — 15

Index — 84

Mmi Ufok Emana ::: My Family

I yene a eno.
A ufok emana koot afo eno.
Mmi ufok emana koot mmi eno.
I udong a ufok emana.
I udong mmi ufok emana.
Ko ererimbot udong mmi eno.

A eno udong akpeme-itie.
Akpeme-itie udong adanga.
A adanga udong afia.
Afia udong mbeme.
A mbeme udong ima.

...

I have a gift.
A family grows your gift.
My family grows my gift.
I need a family.
I need my family.
The world needs my gift.

A gift needs security.
Security needs boundaries.
A boundary needs fairness.
Fairness needs questions.
A question needs love.

Ekam ::: Grandmother

ekam ::: grandmother

- Ama ake mmi ette ntre _____. ::: Mum of my father is _____.

- Ama ake mmi ama ntre _____. ::: Mum of my mum is _____.

etebom ::: grandpa

- Ette ake mmi ette ntre _____. ::: Father of my father is _____.

- Ette ake mmi ama ntre _____. ::: Father of my mum is _____.

A ekam ndien a etebom fiok ko mbok ake a ufok emana. ::: A grandmother and a grandpa know the history of a family.

~ ~ ~

grandmother

_____ [1] Efik

my grandmother

_____ [2] Efik

grandpa

_____ [3] Efik

---

[1] ekam [*grandmother*]
[2] mmi ekam [*my grandmother*]

my grandpa

_____ [4] Efik

mum

_____ [5] Efik

my mum

_____ [6] Efik

father

_____ [7] Efik

she is your father

_____ [8] Efik

aunt

_____ [9] Efik

our aunt

_____ [10] Efik

uncle

_____ [11] Efik

---

[3] etebom [*grandpa*]
[4] mmi etebom [*my grandpa*]
[5] ama [*mum*]
[6] mmi ama [*my mum*]
[7] ette [*father*]
[8] anye ntre afo ette [*she is your father*]
[9] awowan eyeneka ete(eka) [*aunt*]
[10] nnyin awowan eyeneka ete(eka) [*our aunt*]

our uncle

                _____ [12] Efik

Ama ::: Mum

Ama Ndien Ette ::: Mum And Father

- Mmi ama ntre _____. ::: My mum is _____.
- Mmi ette ntre _____. ::: My father is _____.

A ama kuk a ufok emana. ::: A mum heals a family.
A ette bem a ufok emana. ::: A father protects a family.

~ ~ ~

mum

                _____ [13] Efik

my mum

                _____ [14] Efik

father

                _____ [15] Efik

she is your father

                _____ [16] Efik

---

[11] ayeneka ete,eka awoden [*uncle*]
[12] nnyin ayeneka ete,eka awoden [*our uncle*]
[13] ama [*mum*]
[14] mmi ama [*my mum*]
[15] ette [*father*]
[16] anye ntre afo ette [*she is your father*]

sibling
_____ [17] Efik

my sibling
_____ [18] Efik

brother
_____ [19] Efik

her brother
_____ [20] Efik

sister
_____ [21] Efik

his sister
_____ [22] Efik

baby
_____ [23] Efik

I have a baby
_____ [24] Efik

---

[17] ndito eka [*sibling*]
[18] mmi ndito eka [*my sibling*]
[19] eyeneka owoden [*brother*]
[20] enye eyeneka owoden [*her brother*]
[21] eyeneka-awowan [*sister*]
[22] enye eyeneka-awowan [*his sister*]
[23] nsek eyen [*baby*]
[24] i yene a nsek eyen [*I have a baby*]

Ebiet Unam Udia ::: Kitchen

mmi ebiet unam udia ::: my kitchen

~ ~ ~

food
―――――――――――――――――――――――[25] Efik

to eat food
―――――――――――――――――――――――[26] Efik

plate
―――――――――――――――――――――――[27] Efik

wash your plate
―――――――――――――――――――――――[28] Efik

cup
―――――――――――――――――――――――[29] Efik

tea cup
―――――――――――――――――――――――[30] Efik

spoon
―――――――――――――――――――――――[31] Efik

---

[25] udia [*food*]
[26] dia udia [*to eat food*]
[27] usan udia [*plate*]
[28] yet afo usan udia [*wash your plate*]
[29] okop [*cup*]
[30] ti okop [*tea cup*]

her spoon

------------------------------------ [32] Efik

refrigerator

------------------------------------ [33] Efik

open the refrigerator

------------------------------------ [34] Efik

Awan ::: Wife

Awan Mmi Doho Ebe ::: Wife Or Husband

A awan kuk a ufok emana. ::: A wife heals a family.
A ebe bem a ufok emana. ::: A husband protects a family.

~ ~ ~

wife

------------------------------------ [35] Efik

my wife and my kid

------------------------------------ [36] Efik

husband

------------------------------------ [37] Efik

---

[31] ikpang [*spoon*]
[32] enye ikpang [*her spoon*]
[33] ekebe ntuhube [*refrigerator*]
[34] kuppo ko ekebe ntuhube [*open the refrigerator*]
[35] awan [*wife*]
[36] mmi awan ndien mmi eyin [*my wife and my kid*]

I love my husband
―――――――――――――――――――――――――[38] Efik

father-in-law
―――――――――――――――――――――――――[39] Efik

my father-in-law
―――――――――――――――――――――――――[40] Efik

Eyin ::: Kid

A eyin ntre a eno. ::: A kid is a gift.

~ ~ ~

grandchild
―――――――――――――――――――――――――[41] Efik

your grandchild
―――――――――――――――――――――――――[42] Efik

granddaughter
―――――――――――――――――――――――――[43] Efik

our granddaughter
―――――――――――――――――――――――――[44] Efik

---

[37] ebe [*husband*]
[38] i ima mmi ebe [*I love my husband*]
[39] ete ebe [*father-in-law*]
[40] mmi ete ebe [*my father-in-law*]
[41] ayeyen [*grandchild*]
[42] afo ayeyen [*your grandchild*]

grandson

_____ ⁴⁵ Efik

my grandson

_____ ⁴⁶ Efik

Ayeyen ::: Grandchild

A ayeyen ntre a eno ake a eno. ::: A grandchild is a gift of a gift.

~ ~ ~

granddaughter

_____ ⁴⁷ Efik

our granddaughter

_____ ⁴⁸ Efik

grandson

_____ ⁴⁹ Efik

my grandson

_____ ⁵⁰ Efik

---

[43] ayeyen [*granddaughter*]
[44] nnyin ayeyen [*our granddaughter*]
[45] ayeyen [*grandson*]
[46] mmi ayeyen [*my grandson*]
[47] ayeyen [*granddaughter*]
[48] nnyin ayeyen [*our granddaughter*]
[49] ayeyen [*grandson*]
[50] mmi ayeyen [*my grandson*]

Udod Ayeyen ::: Great-Grandchild

A udod ayeyen ntre a eno ake a eno ake a eno. ::: A great-grandchild is a gift of a gift of a gift.

~ ~ ~

great-grandchild
———————————————————————————————[51] Efik

his great-grandchild
———————————————————————————————[52] Efik

Ufan ::: Friend

A ufan anwanga afo eno. ::: A friend understands your gift.

~ ~ ~

friend
———————————————————————————————[53] Efik

my friend has a house
———————————————————————————————[54] Efik

boyfriend
———————————————————————————————[55] Efik

my boyfriend

---

[51] udod ayeyen [*great-grandchild*]
[52] enye udod ayeyen [*his great-grandchild*]
[53] ufan [*friend*]
[54] mmi ufan yene a ufok [*my friend has a house*]

_____ [56] Efik

girlfriend

_____ [57] Efik

my girlfriend

_____ [58] Efik

lover

_____ [59] Efik

my lover has

_____ [60] Efik

partner

_____ [61] Efik

she is my partner

_____ [62] Efik

boss

_____ [63] Efik

my boss

---

[55] ufan awoden [*boyfriend*]
[56] mmi ufan awoden [*my boyfriend*]
[57] ufan owowan [*girlfriend*]
[58] mmi ufan owowan [*my girlfriend*]
[59] ma [*lover*]
[60] mmi ma yene [*my lover has*]
[61] partner [*partner*]
[62] anye ntre mmi partner [*she is my partner*]

_____ [64] Efik

worker
_____ [65] Efik

she is a worker
_____ [66] Efik

---

[63] ete/eka ufok [*boss*]
[64] mmi ete/eka ufok [*my boss*]
[65] anam-utom [*worker*]
[66] anye ntre a anam-utom [*she is a worker*]

Efik-English

a b c d e f g h i j k l m n o ó ọ p q r s t u v w x y z

a pho
a/-a/
a det
a/-a/
aba adj
forty/-a-b-a/
aba-ye-duop adj
fifty/-a-b-a-y-e-d-u-o-p/
abaak adj
young/-a-b-a-a-k/
abagha pre
about/-a-b-a-g-h-a/
abai nom.1
pillar/-a-b-a-i/
abasi din.1
jesus/-j-e-s-u-s/
Abasi nom.1
God/-a-b-a-s-i/
abiara adj
inactive/-a-b-i-a-r-a/
abiong nom.1
hunger/-a-b-i-o-n-g/
abogho pre
above/-a-b-o-g-h-o/
aboikpa nom.1
lady/-a-b-o-i-k-p-a/
abu nom.1
shrimp/-a-b-u/
abubit adj
black/-a-b-u-b-i-t/
abung owo-esit nom.1
heartbreaker/-a-b-u-n-g-o-w-o-e-s-i-t/
accident nom.1
accident/-acc-i-d-e-n-t/
acidic adj
acidic/-ac-i-camec/
Acusa nom.1
Hausa/-ac-u-s-a/

ada iwud nom.1
manager/-a-d-a-i-w-u-d/
ada ukara nom.1
president/-a-d-a-u-k-a-r-a/
ada ukara nom.1
government/-a-d-a-u-k-a-r-a/
ada-ibout nom.1
leader/-a-d-a-i-b-o-u-t/
ada-ibout nom.1
administration/-a-d-a-i-b-o-u-t/
ada-usung nom.1
director/-a-d-a-u-s-u-n-g/
adan nom.1
grease/-a-d-a-n/
adan nom.1
oil/-a-d-a-n/
adan-akuok nom.1
honey/-a-d-a-n-a-k-u-o-k/
adanga nom.1
boundary/-a-d-a-n-g-a/
adanga nom.1
boundary/-a-d-a-n-g-a/
adap-mkpo nom.1
customer/-a-d-a-p-m-k-p-o/
address nom.1
address/-a-d-d-r-e-s-s/
adjective nom.1
adjective/-a-d-j-ec-t-i-v-e/
ado adv
just/-a-d-o/
ado-ekamba act
be big/-a-d-o-e-k-a-m-b-a/
adoption nom.1
adoption/-a-d-o-p-t-i-o-n/
adua nom.1
squirrel/-a-d-u-a/
aduk nom.1
trumpet/-a-d-u-k/

aduma *nom.1*
thunder/-a-d-u-m-a/
aduñ *nom.1*
root/-a-d-uñ/
adunwan *act*
yawn/-a-d-u-n-w-a-n/
adverb *nom.1*
adverb/-a-d-v-e-r-b/
advertisement *nom.1*
advertisement/-a-d-v-e-r-t-i-s-e-m-e-n-t/
afa eyo *adj*
modern/-a-f-a -e-y-o/
afa-owo *nom.1*
novice/-a-f-a-o-w-o/
afang *nom.1*
space/-a-f-a-n-g/
afara *nom.1*
shoulder/-a-f-a-r-a/
afed *pro*
us/-a-f-e-d/
afed *adj*
total/-a-f-e-d/
afed *adj*
all/-a-f-e-d/
afed *adj*
whole/-a-f-e-d/
afed *adj*
entire/-a-f-e-d/
afed-ini *adv*
always/-a-f-e-d-i-n-i/
afem *adj*
windy/-a-f-e-m/
affair *nom.1*
affair/-a-f-f-a-i-r/
Afghanistan *nom.1*
Afghanistan/-a-f-g-h-a-n-i-s-t-a-n/

afia *adj*
white/-a-f-i-a/
afia *nom.1*
fairness/-a-f-i-a/
afim *nom.1*
wind/-a-f-i-m/
afim *nom.1*
air/-a-f-i-m/
afiom *nom.1*
alligator/-a-f-i-o-m/
afit *act*
shit/-a-f-i-t/
afit *pro*
all/-a-f-i-t/
afit-itie *pro*
everywhere/-a-f-i-t-i-t-i-e/
afo *pos*
your/-a-f-o/
afo *pro*
you/-a-f-o/
afo *pro*
your/-a-f-o/
afo *exc*
thank you/-a-f-o/
afon *adj*
well/-a-f-o-n/
afon *nom.1*
well/-a-f-o-n/
afon *adj*
fine/-a-f-o-n/
afon *adj*
better/-a-f-o-n/
afon-akem *adj*
adequate/-a-f-o-n-a-k-e-m/
afong *nom.1*
khakhi/-a-f-o-n-g/
african *adj*
African/-a-f-r-ic-a-n/

aim *nom.1*
  objective/-a-i-m/
Ajoa *nom.1*
  Ajoa/-a-j-o-a/
akaan *adj*
  old/-a-k-a-a-n/
akaba owo *nom.1*
  adult/-a-k-a-b-a -o-w-o/
akai *nom.1*
  forest/-a-k-a-i/
akam *act*
  pray/-a-k-a-m/
akam *nom.1*
  prayer/-a-k-a-m/
akamba *adj*
  big/-a-k-a-m-b-a/
akamba *adj*
  large/-a-k-a-m-b-a/
akan *cjn*
  than/-a-k-a-n/
akan *adj*
  previous/-a-k-a-n/
akan *nom.1*
  Akan/-a-k-a-n/
akan-awan *nom.1*
  old lady/-a-k-a-n-a-w-a-n/
akan-eden *nom.1*
  old man/-a-k-a-n-e-d-e-n/
akapa-iko *nom.1*
  translator/-a-k-a-p-a-i-k-o/
ake *pre*
  of/-a-k-e/
ake-mfo *pos*
  your/-a-k-e-m-f-o/
ake-mfo *pro*
  yours/-a-k-e-m-f-o/
akeb keb *nom.1*
  lightning/-a-k-e-b -k-e-b/

akem *act*
  fulfill/-a-k-e-m/
akeme afum akeme afum *nom.1.2*
  airconditioner/-a-k-e-m-e -a-f-u-m/
akeme ido *adv*
  maybe/-a-k-e-m-e -i-d-o/
computer akeme iko *nom.1.2*
  computer/c-o-m-p-u-t-e-r/
akeme inam *nom.1*
  May/-a-k-e-m-e -i-n-a-m/
ekebe ndise akeme ndise *nom.1.2*
  television/-e-k-e-b-e -n-cam-e-s-e/
ekebe uting iko akeme uting iko
  nom.1.2
  radio/-e-k-e-b-e -u-t-i-n-g -i-k-o/
akid-nkikid *nom.1*
  prophet/-a-k-i-d-n-k-i-k-i-d/
akikere *nom.1*
  thought/-a-k-i-k-e-r-e/
akong eto akong eto *nom.1.2*
  carpenter/-a-k-o-n-g -e-t-o/
akoñko *nom.1*
  hero/-a-k-oñ-k-o/
akpa *nom.1*
  sea/-a-k-p-a/
akpa *adj*
  dead/-a-k-p-a/
akpa *nom.1*
  first/-a-k-p-a/
akpa *adj*
  first/-a-k-p-a/
akpa *nom.1*
  ocean/-a-k-p-a/
akpa usen ke udua akpa usen ke udua *nom.1.2*
  Monday/-a-k-p-a -u-s-e-n -k-e -u-d-u-a/
akpa-eyen *nom.1*
  firstborn/-a-k-p-a-e-y-e-n/

akpa-isong *nom.1*
ant/-a-k-p-a-i-s-o-n-g/
akpa-mfia *nom.1*
leprosy/-a-k-p-a-m-f-i-a/
akpa-owo *nom.1*
pioneer/-a-k-p-a-o-w-o/
akpaikpai-ikọng *nom.1*
tuberculosis/-a-k-p-a-i-k-p-a-i-i-kọ-n-g/
akpakara *nom.1*
bench/-a-k-p-a-k-a-r-a/
akpan mkpo *adj*
essential/-a-k-p-a-n -m-k-p-o/
akpan mkpo *nom.1*
impact/-a-k-p-a-n -m-k-p-o/
akpan mkpo *adj*
major/-a-k-p-a-n -m-k-p-o/
akpan mkpo *adj*
important/-a-k-p-a-n -m-k-p-o/
akpan mkpo *adj*
solemn/-a-k-p-a-n -m-k-p-o/
akpaniko *nom.1*
truth/-a-k-p-a-n-i-k-o/
akpaniko *adj*
true/-a-k-p-a-n-i-k-o/
akpara *nom.1*
flirting/-a-k-p-a-r-a/
akpara *nom.1*
slut/-a-k-p-a-r-a/
akparawa eden *nom.1.2*
boy/-a-k-p-a-r-a-w-a/
akpasa *nom.1*
basket/-a-k-p-a-s-a/
akpatere *act*
end/-a-k-p-a-t-e-r-e/
akpatere *nom.1*
end/-a-k-p-a-t-e-r-e/
akpatire *nom.1*
conclusion/-a-k-p-a-t-i-r-e/

akpe-do *cjn*
if/-a-k-p-e-d-o/
akpe-ikpe *nom.1*
lawyer/-a-k-p-e-i-k-p-e/
akpeme ufok akpeme ufok *nom.1.2*
housekeeper/-a-k-p-e-m-e -u-f-o-k/
akpeme-itie *nom.1*
security/-a-k-p-e-m-e-i-t-i-e/
akpep-nwed *nom.1*
teacher/-a-k-p-e-p-n-w-e-d/
akpep-utom *nom.1*
apprentice/-a-k-p-e-p-u-t-o-m/
akpo *nom.1*
bone/-a-k-p-o/
akpo asak-edem *nom.1*
spine/-a-k-p-o -a-s-a-k-e-d-e-m/
akpo-mmong *nom.1*
bucket/-a-k-p-o-m-m-o-n-g/
akpo-mmong *nom.1*
pail/-a-k-p-o-m-m-o-n-g/
akpo-owo *nom.1*
corpse/-a-k-p-o-o-w-o/
akpor *nom.1*
pipe/-a-k-p-o-r/
akpotiod akpotiod *nom.1.2*
authority/-a-k-p-o-t-i-o-d/
aku *nom.1*
priest/-a-k-u/
akum *adj*
allergic/-a-k-u-m/
akuọk *nom.1*
bee/-a-k-uọ-k/
akwa *nom.1*
Almighty/-a-k-w-a/
akwa *adj*
almighty/-a-k-w-a/
Akwa anwa mbre *nom.1*
stadium/-a-k-w-a -a-n-w-a -m-b-r-e/

algebra *nom.1*
algebra/-a-l-g-e-b-r-a/
aloo *exc*
hello/-a-l-o-o/
aluminum *sci*
aluminum/-a-l-u-m-i-n-u-m/
Ama *nom.1*
Ama/-a-m-a/
ama *nom.1*
mum/-a-m-a/
ama-iban *nom.1*
cheater/-a-m-a-i-b-a-n/
amana iba *nom.2*
twin/-a-m-a-n-a -i-b-a/
amem *adj*
flexible/-a-m-e-m/
amen *exc*
amen/-a-m-e-n/
americium *sci*
americium/-a-m-e-r-ic-i-u-m/
ami *pro*
me/-a-m-i/
amia-ibit *nom.1*
drummer/-a-m-i-a-i-b-i-t/
anaang *adj*
eighty/-a-n-a-a-n-g/
anam-utom *nom.1*
worker/-a-n-a-m-u-t-o-m/
anan *act*
rear/-a-n-a-n/
anan-ye duop *adj*
ninety/-a-n-a-n-y-e -d-u-o-p/
andibip *nom.1*
requester/-a-n-came-b-i-p/
andibod *nom.2*
maker/-a-n-came-b-o-d/
andidep *nom.1*
buyer/-a-n-cam-e-d-e-p/

andikama *nom.1*
user/-a-n-ca-me-k-a-m-a/
andikan *nom.1*
champion/-a-n-came-k-a-n/
andikara *nom.1*
management/-a-n-came-k-a-r-a/
andinọọ *nom.1*
giver/-a-n-came-nọọ/
andiwam *nom.1*
sponsor/-a-n-ca-me-w-a-m/
andiwam *nom.1*
saviour/-a-n-ca-me-w-a-m/
aneke-akpon *act*
overgrow/-a-n-e-k-e-a-k-p-o-n/
aneke-yoho *act*
overflow/-a-n-e-k-e-y-o-h-o/
anen ita *nom.1*
triangle/-a-n-e-n -i-t-a/
angel *nom.1*
angel/-a-n-g-e-l/
anie *pro*
whose/-a-n-i-e/
anie owo *pro*
who/-a-n-i-e -o-w-o/
aniong *act*
be lengthy/-a-n-i-o-n-g/
anise anise *nom.1.10*
anise/-a-n-i-s-e/
aniseed *nom.1*
aniseed/-a-n-i-s-e-e-d/
antelope *nom.1*
antelope/-a-n-t-e-l-o-p-e/
antimony *sci*
antimony/-a-n-t-i-m-o-n-y/
anvil *nom.1*
anvil/-a-n-v-i-l/
anwa *nom.1*
cat/-a-n-w-a/

anwanga *act*
understand/-a-n-w-a-n-g-a/
anya anya anya-anya *nom.1.2*
crown/-a-n-y-a -a-n-y-a/
anyan *adj*
straight/-a-n-y-a-n/
anye *pro*
that/-sh-e/
anye *pro*
her/-sh-e/
anye *pro*
he/-sh-e/
anye *pro*
him/-sh-e/
anye *pos*
its/-sh-e/
anye *pro*
she/-sh-e/
anye *pre*
that/-sh-e/
apple *nom.1*
apple/-a-p-p-l-e/
Arabiya *nom.1*
Arabic/-a-r-a-b-i-y-a/
argon *sci*
argon/-a-r-g-o-n/
arsenic *sci*
arsenic/-a-r-s-e-n-ic/
art *nom.1*
art/-a-r-t/
asaha-saha *adj*
special/-a-s-a-h-a-s-a-h-a/
asana *act*
tidy/-a-s-a-n-a/
asana *nom.1*
potty/-a-s-a-n-a/
asanga *adj*
distinguished/-a-s-a-n-g-a/

asangasanga *adj*
divine/-a-s-a-n-g-a-s-a-n-g-a/
asara-ikpang *nom.1*
fork/-a-s-a-r-a-i-k-p-a-n-g/
asen *nom.1*
stranger/-a-s-e-n/
asere *adj*
unkempt/-a-s-e-r-e/
asio-mbere *nom.1*
actress/-a-s-i-o-m-b-e-r-e/
asip asip *nom.1.2*
artery/-a-s-i-p/
osio mbere asip *nom.1.2*
artist/-o-s-i-o -m-b-e-r-e/
asip *adj*
thin/-a-s-i-p/
asip *nom.1*
vein/-a-s-i-p/
asoho *adv*
still/-a-s-o-h-o/
asong *adj*
different/-a-s-o-n-g/
asong *adj*
difficult/-a-s-o-n-g/
asong *adv*
hard/-a-s-o-n-g/
astatine *sci*
astatine/-a-s-t-a-t-i-n-e/
ata *adj*
sixty/-a-t-a/
ata *adj*
actual/-a-t-a/
ata amor *adj*
main/-a-t-a -a-m-o-r/
ata ifiok *nom.1*
graduate/-a-t-a -i-f-i-o-k/
ata utop ata utop *nom.1.2*
hunter/-a-t-a -u-t-o-p/

ata-ye-duop *adj*
seventy/-*a-t-a-y-e-d-u-o-p*/
ataa *nom.1*
reality/-*a-t-a-a*/
ataa *adj*
real/-*a-t-a-a*/
atak-tak *nom.1*
grasshopper/-*a-t-a-k-t-a-k*/
atayat *nom.10*
hut/-*a-t-a-y-a-t*/
atlantic *adj*
Atlantic/-*a-t-l-a-n-t-ic*/
atom *sci*
atom/-*a-t-o-m*/
atongho *adj*
deep/-*a-t-o-n-g-h-o*/
atu *nom.1*
jar/-*a-t-u*/
atu *nom.1*
group/-*a-t-u*/
australia *nom.1*
Australia/-*a-u-s-t-r-a-l-i-a*/
autumn *nom.1*
Autumn/-*a-u-t-u-m-n*/
awaha *adv*
obviously/-*a-w-a-h-a*/
awak *adj*
more/-*a-w-a-k*/
awan *nom.2*
wife/-*a-w-a-n*/
awan akpa *nom.2*
widower/-*a-w-a-n -a-k-p-a*/
awangha *adv*
clearly/-*a-w-a-n-g-h-a*/
awawa *adj*
green/-*a-w-a-w-a*/
awed nwed *nom.1*
writer/-*a-w-e-d -n-w-e-d*/

awesome *adj*
awesome/-*a-w-e-s-o-m-e*/
awo *nom.1*
being/-*a-w-o*/
awo *nom.1*
humankind/-*a-w-o*/
awoden *nom.1*
male/-*a-w-o-d-e-n*/
awoden *nom.1*
man/-*a-w-o-d-e-n*/
awowan *adj*
female/-*a-w-o-w-a-n*/
nka-iferi awowan *nom.1.2*
girl/-*n-k-a-i-f-e-r-i*/
awowan *nom.1*
female/-*a-w-o-w-a-n*/
awowan eyeneka ete(eka) *nom.2*
aunt/-*a-w-o-w-a-n -e-y-e-n-e-k-a -e-t-e(-e-k-a)*/
awung-kpa *act*
be drunk/-*a-w-u-n-g-k-p-a*/
ayaiya *adj*
beautiful/-*a-y-a-i-y-a*/
ayam-udua *nom.1*
seller/-*a-y-a-m-u-d-u-a*/
aye *det*
that/-*a-y-e*/
aye *exc*
aye/-*a-y-e*/
aye *cjn*
that/-*a-y-e*/
ayem udua *nom.1*
trader/-*a-y-e-m -u-d-u-a*/
ayen awoden ayeneka ete,eka *nom.1*
nephew/-*a-y-e-n -a-w-o-d-e-n -a-y-e-n-e-k-a -e-t-e,-e-k-a*/
ayen awowan ayeneka ete,eka *nom.1*

niece/-a-y-e-n -a-w-o-w-a-n -a-y-e-n-e-k-a -e-t-e,-e-k-a/
ayen ayeneka ete ayen eyeneka ete(eka) *nom.1.2*
cousin/-a-y-e-n -a-y-e-n-e-k-a -e-t-e/
ayen ebe ayen ebe (awan) *nom.1.2*
step-child/-a-y-e-n -e-b-e/
eyeneka owoden ayeneka awoden *nom.1.2*
brother/-e-y-e-n-e-k-a -o-w-o-d-e-n/
eyeneka-awowan ayeneka awowan *nom.1.2*
sister/-e-y-e-n-e-k-a-a-w-o-w-a-n/
ayeneka ete ayeneka ete,eka awowan *nom.1.10*
auntie/-a-y-e-n-e-k-a -e-t-e/
ayeneka ete,eka awoden *nom.1*
uncle/-a-y-e-n-e-k-a -e-t-e,-e-k-a -a-w-o-d-e-n/
ayeyen *nom.2*
grandchild/-a-y-e-y-e-n/
ayeyen ayeyen *nom.1.2*
granddaughter/-a-y-e-y-e-n/
ayeyen ayeyen *nom.1.2*
grandson/-a-y-e-y-e-n/
ayin awoden *nom.2*
son/-a-y-i-n -a-w-o-d-e-n/
ayin awowan *nom.2*
daughter/-a-y-i-n -a-w-o-w-a-n/
ayin-ọbọng *nom.1*
prince/-a-y-i-n-ọ-bọ-n-g/
eyin aying *nom.1.2*
name/-e-y-i-n/
ayio *nom.1*
weather/-a-y-i-o/
ayoho *adj*
full/-a-y-o-h-o/
ayoho usen iba ke udua *nom.1*
Tuesday/-a-y-o-h-o -u-s-e-n -i-b-a -k-e -u-d-u-a/
ayoho usen ita ke udua *nom.2*
Wednesday/-a-y-o-h-o -u-s-e-n -i-t-a -k-e -u-d-u-a/
ayoho usen itiokiet ke udua *nom.1*
Saturday/-a-y-o-h-o -u-s-e-n -i-t-i-o-k-i-e-t -k-e -u-d-u-a/
ayoho usen ituon ke udua *nom.2*
Friday/-a-y-o-h-o -u-s-e-n -i-t-u-o-n -k-e -u-d-u-a/
ayoyo *nom.1*
ayoyo/-a-y-o-y-o/
azonto *nom.1*
azonto/-a-z-o-n-t-o/
b *pho*
b/-b/
ba *act*
reign/-b-a/
ba-afon *act*
be good/-b-a-a-f-o-n/
baak *act*
fear/-b-a-a-k/
baanga *act*
gossip/-b-a-a-n-g-a/
backlog *nom.1*
backlog/-b-ac-k-l-o-g/
bak *adj*
cheap/-b-a-k/
bambara *nom.1*
Bambara/-b-a-m-b-a-r-a/
ban *act*
sharpen/-b-a-n/
ban *nom.1*
saucepan/-b-a-n/
barium *sci*
barium/-b-a-r-i-u-m/

barrel *nom.1*
 barrel/-b-a-r-r-e-l/
basketball *nom.1*
 basketball/-b-a-s-k-e-t-b-a-l-l/
bat *act*
 count/-b-a-t/
beach *nom.1*
 beach/-b-e-ac-h/
beaker *nom.1*
 beaker/-b-e-a-k-e-r/
bed *act*
 remain/-b-e-d/
bed *act*
 close/-b-e-d/
been *act*
 take/-b-e-e-n/
been *nom.1*
 pick/-b-e-e-n/
beenge *nom.1*
 preparation/-b-e-e-n-g-e/
beenge *nom.1*
 preparations/-b-e-e-n-g-e/
beenge *act*
 beg/-b-e-e-n-g-e/
beenge *act*
 prepare/-b-e-e-n-g-e/
bem *act*
 protect/-b-e-m/
bem *nom.1*
 watch/-b-e-m/
bem *act*
 watch/-b-e-m/
bemba *nom.1*
 Bemba/-b-e-m-b-a/
ben-di *act*
 bring/-b-e-n-cam-e/
bep *act*
 ask/-b-e-p/

bere *act*
 lean on/-b-e-r-e/
berkelium *sci*
 berkelium/-b-e-r-k-e-l-i-u-m/
beryllium *sci*
 beryllium/-b-e-r-y-l-l-i-u-m/
besin *nom.1*
 basin/-b-e-s-i-n/
bet *act*
 wait/-b-e-t/
beud beud *nom.1.2*
 shyness/-b-e-u-d/
bia *nom.1*
 yam/-b-i-a/
bia *act*
 betray/-b-i-a/
biad *act*
 defile/-b-i-a-d/
biad *act*
 sabotage/-b-i-a-d/
biad *act*
 ruin/-b-i-a-d/
biad *act*
 spend/-b-i-a-d/
biad *nom.1*
 spending/-b-i-a-d/
biangha *nom.1*
 treason/-b-i-a-n-g-h-a/
biara *nom.1*
 decay/-b-i-a-r-a/
biara *act*
 spoil/-b-i-a-r-a/
biat *act*
 disappoint/-b-i-a-t/
biere *act*
 stop/-b-i-e-r-e/
biet *act*
 resemble/-b-i-e-t/

biine *act*
chase /-b-i-i-n-e/
bile *nom.1*
bile /-b-i-l-e/
bill *nom.1*
bill /-b-i-l-l/
biong *adj*
hungry /-b-i-o-n-g/
bip *act*
request /-b-i-p/
bire *act*
play /-b-i-r-e/
bismuth *sci*
bismuth /-b-i-s-m-u-t-h/
bit *act*
lay /-b-i-t/
biyo *act*
pass by /-b-i-y-o/
biyo *act*
pass /-b-i-y-o/
blacksmith *nom.1*
blacksmith /-b-l-ac-k-s-m-i-t-h/
blue *adj*
blue /-b-l-u-e/
bo *act*
accept /-b-o/
bo *act*
collect /-b-o/
bó *act*
receive /-bó/
bobo *nom.1*
pawpaw /-b-o-b-o/
bod *act*
create /-b-o-d/
bod *nom.1*
creation /-b-o-d/
bohrium *sci*
bohrium /-b-o-h-r-i-u-m/

boi *nom.1*
collection /-b-o-i/
bolom-bolom *nom.1*
balloon /-b-o-l-o-m-b-o-l-o-m/
bom *act*
break /-b-o-m/
bomb *nom.1*
bomb /-b-o-m-b/
bong *act*
scream /-b-o-n-g/
bong *act*
yell /-b-o-n-g/
book *act*
pacify /-b-o-o-k/
bop *act*
tie /-b-o-p/
bop *nom.1*
tie /-b-o-p/
boro *act*
respond /-b-o-r-o/
boron *sci*
boron /-b-o-r-o-n/
bracket *nom.1*
bracket /-b-r-ac-k-e-t/
bromine *sci*
bromine /-b-r-o-m-i-n-e/
brown *adj*
brown /-b-r-o-w-n/
buffer *nom.1*
buffer /-b-u-f-f-e-r/
buto *act*
rot /-b-u-t-o/
butter *nom.1*
butter /-b-u-t-t-e-r/
button *nom.1*
button /-b-u-t-t-o-n/
buut *act*
shame /-b-u-u-t/

buut *nom.1*
shame/-b-u-u-t/
by *pre*
by/-b-y/
cabbage *nom.1*
cabbage/c-a-b-b-a-g-e/
cadmium *sci*
cadmium/c-a-d-m-i-u-m/
caesium *sci*
caesium/c-a-e-s-i-u-m/
cake *nom.1*
cake/c-a-k-e/
calcium *sci*
calcium/c-a-lc-i-u-m/
calculus *nom.1*
calculus/c-a-lc-u-l-u-s/
californium *sci*
californium/c-a-l-i-f-o-r-n-i-u-m/
Cameroon *nom.1*
Cameroon/c-a-m-e-r-o-o-n/
camp *nom.1*
camp/c-a-m-p/
canada *nom.1*
Canada/c-a-n-a-d-a/
capital *nom.1*
capital/c-a-p-i-t-a-l/
carbon *sci*
carbon/c-a-r-b-o-n/
card *nom.1*
card/c-a-r-d/
carrot *nom.1*
carrot/c-a-r-r-o-t/
cartoon *nom.1*
cartoon/c-a-r-t-o-o-n/
cast *nom.1*
cast/c-a-s-t/
castle *nom.1*
castle/c-a-s-t-l-e/

cedi *nom.1*
cedi/c-e-cam-e/
cerium *sci*
cerium/c-e-r-i-u-m/
certificate *nom.1*
degree/c-e-r-t-i-f-ic-a-t-e/
characteristic *adj*
characteristic/c-h-a-r-ac-t-e-r-i-s-t-ic/
chariot *nom.1*
chariot/c-h-a-r-i-o-t/
cheese *nom.1*
cheese/-c-h-e-e-s-e/
chemistry *nom.1*
chemistry/-c-h-e-m-i-s-t-r-y/
Chewa Chewa *nom.1.2*
Chewa/c-h-e-w-a/
chlorine *sci*
chlorine/c-h-l-o-r-i-n-e/
chocolate *nom.1*
chocolate/-c-h-oc-o-l-a-t-e/
chromium *sci*
chromium/c-h-r-o-m-i-u-m/
cilantro *nom.1*
cilantro/c-i-l-a-n-t-r-o/
clarion *adj*
clarion/c-l-a-r-i-o-n/
cloud-computing *nom.1*
cloud computing/c-l-o-u-d-c-o-m-p-u-t-i-n-g/
coat *nom.1*
coat/c-o-a-t/
cobalt *sci*
cobalt/c-o-b-a-l-t/
cocoa *nom.1*
cocoa/c-oc-o-a/
compound-interest *nom.1*
compound interest/c-o-m-p-o-u-n-d-i-n-t-e-r-e-s-t/

computing *nom.1*
computing/*c-o-m-p-u-t-i-n-g*/
congenial *adj*
congenial/*c-o-n-g-e-n-i-a-l*/
Congo-Brazzaville *nom.1*
Congo-Brazzaville/*c-o-n-g-o-b-r-a-z-z-a-v-i-l-l-e*/
conjunction *nom.1*
conjunction/*c-o-n-j-u-nc-t-i-o-n*/
conscience *nom.1*
conscience/*c-o-n-sc-i-e-nc-e*/
consonant *nom.1*
consonant/*c-o-n-s-o-n-a-n-t*/
constituency *nom.1*
constituency/*c-o-n-s-t-i-t-u-e-nc-y*/
coop *nom.1*
coop/*c-o-o-p*/
cooperation *nom.1*
cooperation/*c-o-o-p-e-r-a-t-i-o-n*/
copper *sci*
copper/*c-o-p-p-e-r*/
creativity *nom.1*
creativity/*c-r-e-a-t-i-v-i-t-y*/
curium *sci*
curium/*c-u-r-i-u-m*/
d *pho*
d/*-d*/
da *act*
stand/*-d-a*/
daara *act*
rejoice/*-d-a-a-r-a*/
daara *adj*
merry/*-d-a-a-r-a*/
daat *act*
ripen/*-d-a-a-t*/
daha *act*
forgive/*-d-a-h-a*/

daka *nom.1*
travel/*-d-a-k-a*/
dakada *act*
raise/*-d-a-k-a-d-a*/
dakka *act*
travel/*-d-a-k-k-a*/
dam *nom.1*
dam/*-d-a-m*/
danga *act*
book/*-d-a-n-g-a*/
dapa *act*
dream/*-d-a-p-a*/
dara *act*
exult/*-d-a-r-a*/
darmstadtium *sci*
darmstadtium/*-d-a-r-m-s-t-a-d-t-i-u-m*/
data *nom.1*
data/*-d-a-t-a*/
deb *act*
purchase/*-d-e-b*/
deb *act*
buy/*-d-e-b*/
deeme *act*
share/*-d-e-e-m-e*/
deeng *act*
sink/*-d-e-e-n-g*/
deghe *act*
cool/*-d-e-g-h-e*/
deme *act*
revive/*-d-e-m-e*/
deme *act*
wake up/*-d-e-m-e*/
democracy *nom.1*
democracy/*-d-e-m-oc-r-ac-y*/
deposit *act*
deposit/*-d-e-p-o-s-i-t*/
depth *nom.1*
depth/*-d-e-p-t-h*/

device *nom.1*
　device/-d-e-v-ic-e/
di *nom.1*
　coming/-came/
di *act*
　come/-came/
dia *act*
　eat/-came-a/
dia-sop *act*
　devour/-came-a-s-o-p/
dian *act*
　stamp/-came-a-n/
dian *act*
　paste/-came-a-n/
dian *nom.1*
　multiplication/-came-a-n/
dian *act*
　integrate/-came-a-n/
dian *act*
　add/-came-a-n/
dian *act*
　join/-came-a-n/
dian *act*
　combine/-came-a-n/
diana *act*
　unite/-came-a-n-a/
diana *nom.1*
　unity/-came-a-n-a/
diana-kiet *nom.1*
　union/-cam-e-a-n-a-k-i-e-t/
diana-kiet *adv*
　together/-cam-e-a-n-a-k-i-e-t/
diangare *act*
　choose/-cam-e-a-n-g-a-r-e/
dibe *act*
　hide/-cam-e-b-e/
die *adv*
　how/-cam-e-e/

dienne *adj*
　disgusting/-cam-e-e-n-n-e/
dioho *act*
　predict/-came-o-h-o/
dioho-die *nom.1*
　technology/-cam-e-o-h-o-cam-e-e/
diok *adj*
　bad/-came-o-k/
diong *act*
　restore/-came-o-n-g/
diong *nom.1*
　repair/-came-o-n-g/
diongho *adj*
　familiar/-came-o-n-g-h-o/
diongho- mkpo *adj*
　smart/-ca-me-o-n-g-h-o- -m-k-p-o/
do *nom.1*
　there/-d-o/
do *act*
　wed/-d-o/
do *act*
　become/-d-o/
do *adv*
　there/-d-o/
do-akpatere *act*
　be last/-d-o-a-k-p-a-t-e-r-e/
dob *adj*
　quiet/-d-o-b/
dobo *adj*
　silent/-d-o-b-o/
document *nom.1*
　document/-d-oc-u-m-e-n-t/
dod-eyen *nom.1*
　independence/-d-o-d-e-y-e-n/
doho *act*
　tell/-d-o-h-o/
doho *nom.1*
　report/-d-o-h-o/

dok *act*
 weave/-d-o-k/
dok *act*
 dig/-d-o-k/
dokko yaha mkpo-aba *nom.1*
 description/-d-o-k-k-o -y-a-h-a -m-k-p-o-a-b-a/
dokko yaha-aba *adj*
 descriptive/-d-o-k-k-o -y-a-h-a-a-b-a/
dollar *nom.1*
 dollar/-d-o-l-l-a-r/
domo *act*
 switch on/-d-o-m-o/
domo *act*
 test/-d-o-m-o/
domo *act*
 weigh/-d-o-m-o/
domo *act*
 measure/-d-o-m-o/
dong *act*
 send/-d-o-n-g/
dong *act*
 tease/-d-o-n-g/
dong *act*
 stay/-d-o-n-g/
dono *act*
 smoothen/-d-o-n-o/
doughnut *nom.1*
 doughnut/-d-o-u-g-h-n-u-t/
downward *adv*
 downward/-d-o-w-n-w-a-r-d/
drama *nom.1*
 drama/-d-r-a-m-a/
du *adj*
 living/-d-u/
duak *act*
 wish/-d-u-a-k/

dubnium *sci*
 dubnium/-d-u-b-n-i-u-m/
dud *act*
 pull/-d-u-d/
dud *adj*
 striped/-d-u-d/
dud ayen *adj*
 dependable/-d-u-d -a-y-e-n/
due *act*
 live/-d-u-e/
due *act*
 miss/-d-u-e/
due *act*
 err/-d-u-e/
duk *act*
 enter/-d-u-k/
duk-udod *act*
 rest/-d-u-k-u-d-o-d/
dukpo *adj*
 busy/-d-u-k-p-o/
duo *act*
 stumble/-d-u-o/
duo *act*
 fall/-d-u-o/
duoi *act*
 pour/-d-u-o-i/
duook *act*
 lose/-d-u-o-o-k/
duop *adj*
 ten/-d-u-o-p/
duop ita *adj*
 thirteen/-d-u-o-p -i-t-a/
duop ita *adj*
 thirteenth/-d-u-o-p -i-t-a/
duopeba *adj*
 twelve/-d-u-o-p-e-b-a/
duopekiet *adj*
 eleven/-d-u-o-p-e-k-i-e-t/

duopenan *adj*
  fourteen/-d-u-o-p-e-n-a-n/
dut *act*
  draw/-d-u-t/
DVD *nom.1*
  DVD/dvd/
dwe *nom.1*
  sin/-d-w-e/
dwe *adv*
  wrongly/-d-w-e/
dwe *adj*
  wrong/-d-w-e/
dysprosium *sci*
  dysprosium/-d-y-s-p-r-o-s-i-u-m/
e *pho*
  ay/-e/
earthenware *nom.1*
  earthenware/-e-a-r-t-h-e-n-w-a-r-e/
earthquake *nom.1*
  quake/-e-a-r-t-h-q-u-a-k-e/
east *nom.1*
  east/-e-a-s-t/
east-timor *nom.1*
  East Timor/-e-a-s-t-t-i-m-o-r/
eastern *adj*
  eastern/-e-a-s-t-e-r-n/
eba *nom.1*
  second/-e-b-a/
eba *nom.1*
  breast/-e-b-a/
ebe ebe *nom.1.2*
  husband/-e-b-e/
ebe ebe(awan) *nom.1.2*
  spouse/-e-b-e/
ebe awan ebe awan *nom.1.2*
  stepfather/-e-b-e -a-w-a-n/
ebe kpa *nom.2*
  widow/-e-b-e -k-p-a/

ebe-kpa *adj*
  widowed/-e-b-e-k-p-a/
ebet *nom.1*
  deer/-e-b-e-t/
ebiet unam udia ufok utem mkpo *nom.1.2*
  kitchen/-e-b-i-e-t-u-n-a-m-u-ca-m-e-a/
ebikpod *nom.1*
  maize/-e-b-i-k-p-o-d/
ebok *nom.1*
  monkey/-e-b-o-k/
ebot *nom.1*
  goat/-e-b-o-t/
ebua *nom.1*
  dog/-e-b-u-a/
ebup *nom.1*
  bridge/-e-b-u-p/
economy *nom.1*
  economy/-ec-o-n-o-m-y/
edak *nom.1*
  loin/-e-d-a-k/
edak edak *nom.1.2*
  abdomen/-e-d-a-k/
eded *nom.1*
  tooth/-e-d-e-d/
edem *nom.1*
  back/-e-d-e-m/
edem-eyong *nom.1*
  heaven/-e-d-e-m-e-y-o-n-g/
edeme *nom.1*
  tongue/-e-d-e-m-e/
eden owo *adj*
  male/-e-d-e-n -o-w-o/
edere *nom.1*
  Sunday/-e-d-e-r-e/
edere *nom.1*
  service/-e-d-e-r-e/

edesi *nom.1*
  rice/-e-d-e-s-i/
edi *nom.1*
  pig/-e-cam-e/
edidem *nom.1*
  king/-e-ca-m-e-d-e-m/
edidiọng *nom.1*
  blessing/-e-cam-e-cam-eọ-n-g/
edien *cjn*
  if ... then/-e-cam-e-e-n/
edikan *act*
  forbid/-e-cam-e-k-a-n/
edim *nom.1*
  rain/-e-ca-m-e-m/
edim *adj*
  rainy/-e-ca-m-e-m/
edima *nom.1*
  beloved/-e-ca-m-e-m-a/
edinàm *nom.1*
  action/-e-ca-m-e-nà-m/
edinam *nom.1*
  programme/-e-ca-m-e-n-a-m/
edinam *nom.1*
  project/-e-ca-m-e-n-a-m/
edinam *nom.1*
  act/-e-ca-m-e-n-a-m/
edinam *nom.1*
  activity/-e-ca-m-e-n-a-m/
edinam *nom.1*
  event/-e-ca-m-e-n-a-m/
edip *adj*
  twenty/-e-cam-e-p/
edip-mme-duop *adj*
  thirtieth/-e-ca-m-e-p-m-m-e-d-u-o-p/
edip-ye-duop *adj*
  thirty/-e-cam-e-p-y-e-d-u-o-p/
edisana *adj*
  holy/-e-cam-e-s-a-n-a/

edisat *nom.1*
  comb/-e-cam-e-s-a-t/
editibe *nom.1*
  vaccine/-e-cam-e-t-i-b-e/
editongo editongo *nom.1.2*
  beginning/-e-cam-e-t-o-n-g-o/
editongo *nom.1*
  introduction/-e-cam-e-t-o-n-g-o/
edong *nom.1*
  knee/-e-d-o-n-g/
edong *nom.1*
  sheep/-e-d-o-n-g/
edu *nom.1*
  character/-e-d-u/
edu owo *nom.1*
  habit/-e-d-u -o-w-o/
edu-unam mkpo *nom.1*
  manner/-e-d-u-u-n-a-m -m-k-p-o/
eduat *nom.1*
  spear/-e-d-u-a-t/
efak *nom.1*
  district/-e-f-a-k/
efak *nom.1*
  community/-e-f-a-k/
efak *act*
  serve/-e-f-a-k/
efen *adj*
  other/-e-f-e-n/
efen *adj*
  another/-e-f-e-n/
efen *adj*
  next/-e-f-e-n/
efere *nom.1*
  soup/-e-f-e-r-e/
efere *nom.1*
  stew/-e-f-e-r-e/
efere-abak *nom.1*
  palmnut soup/-e-f-e-r-e-a-b-a-k/

efficiency *nom.1*
efficiency/*-e-f-f-ic-i-e-nc-y/*
effiom *nom.1*
crocodile/*-e-f-f-i-o-m/*
efiat *nom.1*
kola nut/*-e-f-i-a-t/*
efid *adj*
fifteenth/*-e-f-i-d/*
efid eta *adj*
eighteenth/*-e-f-i-d -e-t-a/*
efid-eba *adj*
seventeen/*-e-f-i-d-e-b-a/*
efurenan *adj*
nineteen/*-e-f-u-r-e-n-a-n/*
efureta *adj*
eighteen/*-e-f-u-r-e-t-a/*
efut *adj*
fifteen/*-e-f-u-t/*
efutkiet *adj*
sixteenth/*-e-f-u-t-k-i-e-t/*
efutkiet *adj*
sixteen/*-e-f-u-t-k-i-e-t/*
einsteinium *sci*
einsteinium/*-e-i-n-s-t-e-i-n-i-u-m/*
eka *nom.1*
mom/*-e-k-a/*
eka esit ubok *nom.1*
palm/*-e-k-a -e-s-i-t -u-b-o-k/*
eka ufok *nom.2*
madam/*-e-k-a -u-f-o-k/*
ekam *nom.2*
grandmother/*-e-k-a-m/*
ekamba *adj*
maximum/*-e-k-a-m-b-a/*
ekamba *adj*
massive/*-e-k-a-m-b-a/*
owo uwan ekamba awowan *nom.1.2*
woman/*-o-w-o -u-w-a-n/*

ekamba owo *adj*
elder/*-e-k-a-m-b-a -o-w-o/*
ekamba owo *nom.1*
elder/*-e-k-a-m-b-a -o-w-o/*
ekarika *nom.1*
snow/*-e-k-a-r-i-k-a/*
ekarika *adj*
snowy/*-e-k-a-r-i-k-a/*
ekarika *nom.1*
harmattan/*-e-k-a-r-i-k-a/*
ekarika *nom.1*
winter/*-e-k-a-r-i-k-a/*
eke mi *pro*
mine/*-e-k-e -m-i/*
ekebe ntuhube *nom.1*
refrigerator/*-e-k-e-b-e -n-t-u-h-u-b-e/*
ekeme *nom.1*
box/*-e-k-e-m-e/*
ekikere ke baha owo *nom.1*
reputation/*-e-k-i-k-e-r-e -k-e -b-a-h-a -o-w-o/*
ekim *nom.1*
darkness/*-e-k-i-m/*
ekom *act*
praise/*-e-k-o-m/*
ekom *nom.1*
salutation/*-e-k-o-m/*
ekom *nom.1*
praise/*-e-k-o-m/*
ekom *nom.1*
walnut/*-e-k-o-m/*
ekom *act*
appreciate/*-e-k-o-m/*
ekom *exc*
condolences/*-e-k-o-m/*
ekom *nom.1*
greeting/*-e-k-o-m/*

ekom *nom.1*
 gratitude/-e-k-o-m/
ekong *nom.1*
 battle/-e-k-o-n-g/
ekong *act*
 battle/-e-k-o-n-g/
ekong *nom.1*
 war/-e-k-o-n-g/
ekong ubok *nom.1*
 elbow/-e-k-o-n-g -u-b-o-k/
ekop *nom.1*
 navel/-e-k-o-p/
ekop *nom.1*
 umbilicus/-e-k-o-p/
ekpad-nniara *adj*
 hundred/-e-k-p-a-d-n-n-i-a-r-a/
ekpang *nom.1*
 spatula/-e-k-p-a-n-g/
ekpat *nom.1*
 bag/-e-k-p-a-t/
ekpat ofong *nom.1*
 cushion/-e-k-p-a-t -o-f-o-n-g/
ekpe *nom.1*
 lion/-e-k-p-e/
ekpe-udia *nom.1*
 glutton/-e-k-p-e-u-cam-e-a/
ekpeme *nom.1*
 bottle/-e-k-p-e-m-e/
ekpo mfem *nom.1*
 ringworm/-e-k-p-o -m-f-e-m/
ekpoh *nom.1*
 mouse/-e-k-p-o-h/
ekpok *nom.1*
 lizard/-e-k-p-o-k/
ekpri *adv*
 a little/-e-k-p-r-i/
ekpri *adj*
 small/-e-k-p-r-i/

ekpri *nom.1*
 little/-e-k-p-r-i/
ekpri *adj*
 minimum/-e-k-p-r-i/
eyin ekpri eyen *nom.1.2*
 kid/-e-y-i-n/
ekpu *nom.1*
 rat/-e-k-p-u/
eku mbakara *nom.1*
 rabbit/-e-k-u -m-b-a-k-a-r-a/
Ekua *nom.1*
 Ekua/-e-k-u-a/
ekwod *nom.1*
 frog/-e-k-w-o-d/
ekwod-mmong *nom.1*
 turtle/-e-k-w-o-d-m-m-o-n-g/
ekwong *nom.1*
 snail/-e-k-w-o-n-g/
election *nom.1*
 election/-e-l-ec-t-i-o-n/
electron *sci*
 electron/-e-l-ec-t-r-o-n/
ellinika *nom.1*
 Modern Greek/-e-l-l-i-n-i-k-a/
email *nom.1*
 email/-e-m-a-i-l/
emana *act*
 birth/-e-m-a-n-a/
emana *nom.1*
 birth/-e-m-a-n-a/
emana *nom.1*
 generation/-e-m-a-n-a/
Emana-abasi *nom.1*
 Christmas/e-m-a-n-a-a-b-a-s-i/
emancipator *nom.1*
 emancipator/-e-m-a-nc-i-p-a-t-o-r/
emedi *exc*
 welcome/-e-m-e-ca-m-e/

emem *nom.1*
  peace/-e-m-e-m/
emesiere *exc*
  good morning/-e-m-e-s-i-e-r-e/
enang *nom.1*
  cow/-e-n-a-n-g/
enang *nom.1*
  horse/-e-n-a-n-g/
enang mbiomo *nom.1*
  donkey/-e-n-a-n-g -m-b-i-o-m-o/
enang ukwak *nom.1*
  bicycle/-e-n-a-n-g -u-k-w-a-k/
England *nom.1*
  England/e-n-g-l-a-n-d/
eniang mbiomo *nom.1*
  camel/-e-n-i-a-n-g -m-b-i-o-m-o/
enin *nom.1*
  elephant/-e-n-i-n/
eno *nom.1*
  award/-e-n-o/
eno *nom.2*
  gift/-e-n-o/
eno-ndongesit *nom.1*
  compensation/-e-n-o-n-d-o-n-g-e-s-i-t/
enye *pos*
  her/-e-n-y-e/
enye *pos*
  his/-e-n-y-e/
enyem *det*
  this/-e-n-y-e-m/
epire *adj*
  tiny/-e-p-i-r-e/
erbium *sci*
  erbium/-e-r-b-i-u-m/
ererimbot *nom.1*
  soil/-e-r-e-r-i-m-b-o-t/
ererimbot *nom.1*
  planet/-e-r-e-r-i-m-b-o-t/
ererimbot *nom.1*
  world/-e-r-e-r-i-m-b-o-t/
eriyaha *nom.1*
  salvation/-e-r-i-y-a-h-a/
esa *nom.1*
  verandah/-e-s-a/
esen *adj*
  strange/-e-s-e-n/
eset *adj*
  ancient/-e-s-e-t/
eset *nom.1*
  ancient times/-e-s-e-t/
esio *nom.1*
  pot/-e-s-i-o/
esion *nom.1*
  outside/-e-s-i-o-n/
esion *adv*
  outside/-e-s-i-o-n/
esit *nom.1*
  heart/-e-s-i-t/
esit *nom.1*
  chest/-e-s-i-t/
esit *nom.2*
  mind/-e-s-i-t/
esit-mbom *nom.1*
  empathy/-e-s-i-t-m-b-o-m/
esop *nom.1*
  court/-e-s-o-p/
esuk *nom.1*
  harbour/-e-s-u-k/
esuo-uframkpo *nom.1*
  pan/-e-s-u-o-u-f-r-a-m-k-p-o/
ete ebe ette ebe(awan) *nom.1.2*
  father-in-law/-e-t-e -e-b-e/
ete ye eka ette ye eka *nom.1.2*
  parent/-e-t-e -y-e -e-k-a/
ete/eka ufok *nom.1*
  boss/-e-t-e/-e-k-a -u-f-o-k/

etebom *nom.2*
  grandpa/-e-t-e-b-o-m/
etetighe *nom.1*
  heel/-e-t-e-t-i-g-h-e/
eti *nom.1*
  good/-e-t-i/
eti *nom.1*
  goodness/-e-t-i/
eti *nom.1*
  virtue/-e-t-i/
eti *adj*
  nice/-e-t-i/
eti mkpo eti mkpo *nom.1.2*
  quality/-e-t-i -m-k-p-o/
eti mkpo *adj*
  good/-e-t-i -m-k-p-o/
eti-ido *adj*
  friendly/-e-t-i-i-d-o/
eti-utom *exc*
  good job/-e-t-i-u-t-o-m/
eti-uwem *nom.1*
  honesty/-e-t-i-u-w-e-m/
eti-uwem *nom.1*
  generosity/-e-t-i-u-w-e-m/
etido *nom.1*
  kindness/-e-t-i-d-o/
etiero *exc*
  good afternoon/-e-t-i-e-r-o/
etike *nom.1*
  okro/-e-t-i-k-e/
eto *nom.1*
  stick/-e-t-o/
eto *nom.1*
  wood/-e-t-o/
eto eto *nom.1.2*
  tree/-e-t-o/
eto nwed *nom.1*
  pen/-e-t-o -n-w-e-d/

eto nwed *nom.1*
  chalk/-e-t-o -n-w-e-d/
eto uwed nwed *nom.1*
  pencil/-e-t-o -u-w-e-d -n-w-e-d/
eto-bed *nom.1*
  bedstead/-e-t-o-b-e-d/
etop *nom.1*
  message/-e-t-o-p/
etop *nom.2*
  news/-e-t-o-p/
ette ette *nom.1.2*
  father/-e-t-t-e/
mme usor usor ette ette *nom.1.2*
  ancestor/-m-m-e -u-s-o-r -u-s-o-r/
ette ye eka *act*
  parent/-e-t-t-e -y-e -e-k-a/
etubom *nom.1*
  pastor/-e-t-u-b-o-m/
etuk-akpok *nom.1*
  gecko/-e-t-u-k-a-k-p-o-k/
europe *nom.1*
  Europe/-e-u-r-o-p-e/
europium *sci*
  europium/-e-u-r-o-p-i-u-m/
ewongho *nom.1*
  oath/-e-w-o-n-g-h-o/
ewongó *nom.1*
  promise/-e-w-o-n-gó/
ewuoot *act*
  loan/-e-w-u-o-o-t/
ewuoot *nom.1*
  loan/-e-w-u-o-o-t/
executioner *nom.1*
  executioner/-e-x-ec-u-t-i-o-n-e-r/
eye *pro*
  herself/-e-y-e/
eye *pro*
  himself/-e-y-e/

eye-adok-usop *exc*
  that escalated quickly/-e-y-e-a-d-o-k-u-s-o-p/
eyem *pro*
  this/-e-y-e-m/
eyem *pro*
  these/-e-y-e-m/
eyen *nom.1*
  eye/-e-y-e-n/
eyen-mkpo *nom.1*
  shade/-e-y-e-n-m-k-p-o/
eyen-mkpo *act*
  colour/-e-y-e-n-m-k-p-o/
eyen-ufok *nom.1*
  maid/-e-y-e-n-u-f-o-k/
eyen-ufoknwed *nom.1*
  student/-e-y-e-n-u-f-o-k-n-w-e-d/
eyin-eka *nom.1*
  relative/-e-y-i-n-e-k-a/
Eyin-obong *nom.1*
  Jesus/e-y-i-n-o-b-o-n-g/
eyong *adv*
  up/-e-y-o-n-g/
eyong okom eyong okom *nom.1.2*
  roof/-e-y-o-n-g -o-k-o-m/
f *pho*
  f/-f/
faanga *act*
  litigate/-f-a-a-n-g-a/
faanga *nom.1*
  argument/-f-a-a-n-g-a/
faap *act*
  climb/-f-a-a-p/
fad *act*
  embrace/-f-a-d/
fad *nom.1*
  hug/-f-a-d/

fana *act*
  hassle/-f-a-n-a/
fana *act*
  harass/-f-a-n-a/
fana *nom.1*
  worry/-f-a-n-a/
feghe *act*
  run/-f-e-g-h-e/
feghe *act*
  flee/-f-e-g-h-e/
fermium *sci*
  fermium/-f-e-r-m-i-u-m/
fiak *act*
  twist/-f-i-a-k/
fiak *adv*
  again/-f-i-a-k/
fiak-nam *act*
  repeat/-f-i-a-k-n-a-m/
fiim *act*
  shrink/-f-i-i-m/
fiip *act*
  suckle/-f-i-i-p/
fiip *act*
  suck/-f-i-i-p/
fik *act*
  press/-f-i-k/
fik *act*
  click/-f-i-k/
fik-ubọk *nom.1*
  vote/-f-i-k-u-bọ-k/
fim *nom.1*
  wave/-f-i-m/
fino *nom.1*
  bother/-f-i-n-o/
fiok *act*
  know/-f-i-o-k/
fiomo *act*
  bully/-f-i-o-m-o/

fip fip *nom.1.2*
  sock/-f-i-p/
fire *act*
  forget/-f-i-r-e/
fishing-net *nom.1*
  fishing-net/-f-i-s-h-i-n-g-n-e-t/
fit *act*
  blow/-f-i-t/
flag *nom.1*
  flag/-f-l-a-g/
fluorine *sci*
  fluorine/-f-l-u-o-r-i-n-e/
fop *adj*
  blazing/-f-o-p/
fop *act*
  roast/-f-o-p/
fop *act*
  burn/-f-o-p/
forho *act*
  caress/-f-o-r-h-o/
foro *act*
  thrive/-f-o-r-o/
fox *nom.1*
  fox/-f-o-x/
francium *sci*
  francium/-f-r-a-nc-i-u-m/
frang *act*
  fry/-f-r-a-n-g/
fray *act*
  fray/-f-r-a-y/
french *nom.1*
  French/-f-r-e-nc-h/
friction *nom.1*
  friction/-f-r-ic-t-i-o-n/
frighten *act*
  frighten/-f-r-i-g-h-t-e-n/
frightening *adj*
  frightening/-f-r-i-g-h-t-e-n-i-n-g/

fruitful *adj*
  fruitful/-f-r-u-i-t-f-u-l/
fugho *adj*
  sad/-f-u-g-h-o/
fula *nom.1*
  Fula/-f-u-l-a/
furo *act*
  fly/-f-u-r-o/
furo *act*
  wring/-f-u-r-o/
furo *nom.1*
  fly/-f-u-r-o/
fut *act*
  fold/-f-u-t/
fuuk *act*
  cover/-f-u-u-k/
fuuro *adj*
  cool/-f-u-u-r-o/
g *pho*
  g/-g/
Gadangme *nom.1*
  GaDangme/-g-a-d-a-n-g-m-e/
gadolinium *sci*
  gadolinium/-g-a-d-o-l-i-n-i-u-m/
gallium *sci*
  gallium/-g-a-l-l-i-u-m/
Gandhi *din.1*
  gandhi/-g-a-n-d-h-i/
gari *nom.1*
  gari/-g-a-r-i/
gaseous *adj*
  gaseous/-g-a-s-e-o-u-s/
geography *nom.1*
  geography/-g-e-o-g-r-a-p-h-y/
geometry *nom.1*
  geometry/-g-e-o-m-e-t-r-y/
germanium *sci*
  germanium/-g-e-r-m-a-n-i-u-m/

Germany *nom.1*
Germany/-g-e-r-m-a-n-y/
Ghana *nom.1*
Ghana/-g-h-a-n-a/
giraffe *nom.1*
giraffe/-g-i-r-a-f-f-e/
global-warming *nom.1*
global warming/-g-l-o-b-a-l-w-a-r-m-i-n-g/
goal *nom.1*
goal/-g-o-a-l/
gold *sci*
gold/-g-o-l-d/
gong-gong *nom.1*
gong gong/-g-o-n-g-g-o-n-g/
good-evening *exc*
good evening/-g-o-o-d-e-v-e-n-i-n-g/
grasp *act*
grasp/-g-r-a-s-p/
groin *nom.1*
groin/-g-r-o-i-n/
Guinea-Bissau *nom.1*
Guinea-Bissau/-g-u-i-n-e-a-b-i-s-s-a-u/
guitar *nom.1*
guitar/-g-u-i-t-a-r/
gwod *act*
extinguish/-g-w-o-d/
h *pho*
h/-h/
habitat *nom.1*
habitat/-h-a-b-i-t-a-t/
hafnium *sci*
hafnium/-h-a-f-n-i-u-m/
hallelujah *exc*
hallelujah/-h-a-l-l-e-l-u-j-a-h/
hammer *nom.1*
hammer/-h-a-m-m-e-r/

hassium *sci*
hassium/-h-a-s-s-i-u-m/
headphone *nom.1*
headphone/-h-e-a-d-p-h-o-n-e/
hedgehog *nom.1*
hedgehog/-h-e-d-g-e-h-o-g/
helium *sci*
helium/-h-e-l-i-u-m/
hi *exc*
hi/-h-i/
highlife *nom.1*
highlife/-h-i-g-h-l-i-f-e/
hiplife *nom.1*
hiplife/-h-i-p-l-i-f-e/
holmium *sci*
holmium/-h-o-l-m-i-u-m/
horn *nom.1*
horn/-h-o-r-n/
hydrogen *sci*
hydrogen/-h-y-d-r-o-g-e-n/
hydrogen *nom.1*
hydrogen/-h-y-d-r-o-g-e-n/
i *pho*
ee/-i/
i *pro*
I/-i/
i *nom.1*
Yaa/-i/
iba *adj*
second/-i-b-a/
iba *adj*
two/-i-b-a/
ibaak *adj*
wicked/-i-b-a-a-k/
ibad *nom.1*
accounts/-i-b-a-d/
ibad *nom.1*
maths/-i-b-a-d/

ibad *nom.1*
amount/-*i-b-a-d*/
ibad *nom.1*
accountability/-*i-b-a-d*/
ibad *nom.1*
account/-*i-b-a-d*/
ibad ibad *nom.1.2*
accounting/-*i-b-a-d*/
ibad okuk *nom.1*
sum/-*i-b-a-d -o-k-u-k*/
ibad-mkpo *act*
figure/-*i-b-a-d-m-k-p-o*/
ibad-mkpo *nom.1*
number/-*i-b-a-d-m-k-p-o*/
ibad-owo *nom.1*
population/-*i-b-a-d-o-w-o*/
ibifik ibifik *nom.1.2*
breadth/-*i-b-i-f-i-k*/
ibikpai *nom.1*
numbness/-*i-b-i-k-p-a-i*/
ibio *adj*
short/-*i-b-i-o*/
ibio-iko *nom.1*
topic/-*i-b-i-o-i-k-o*/
ibiom *nom.1*
dove/-*i-b-i-o-m*/
ibit *nom.1*
drum/-*i-b-i-t*/
ibit-ikwo *nom.1*
beat/-*i-b-i-t-i-k-w-o*/
ibok *nom.1*
injection/-*i-b-o-k*/
ibok *nom.2*
medicine/-*i-b-o-k*/
iboro iboro *nom.1.2*
answer/-*i-b-o-r-o*/
iboró *nom.1*
solution/-*i-b-o-ró*/
iboro *act*
reply/-*i-b-o-r-o*/
iboro *act*
answer/-*i-b-o-r-o*/
iboro *nom.1*
response/-*i-b-o-r-o*/
iboro *act*
report/-*i-b-o-r-o*/
iboro *nom.1*
feedback/-*i-b-o-r-o*/
iboro nwed *nom.1*
result/-*i-b-o-r-o -n-w-e-d*/
ibuo *nom.1*
nose/-*i-b-u-o*/
ibuot *nom.1*
head/-*i-b-u-o-t*/
ice *nom.1*
ice/-*ic-e*/
icecream *nom.1*
ice-cream/-*ic-ec-r-e-a-m*/
idaak *pre*
under/-*i-d-a-a-k*/
idagha *nom.1*
position/-*i-d-a-g-h-a*/
idagha *nom.1*
moment/-*i-d-a-g-h-a*/
idagha *nom.1*
height/-*i-d-a-g-h-a*/
idaha ke *adv*
when/-*i-d-a-h-a -k-e*/
idaha-idaha *adj*
simple/-*i-d-a-h-a-i-d-a-h-a*/
idaidat *adj*
red/-*i-d-a-i-d-a-t*/
idaidat *adj*
scarlet/-*i-d-a-i-d-a-t*/
idang idang *nom.1.2*
arrow/-*i-d-a-n-g*/

idap *act*
doze/-i-d-a-p/
idap *act*
sleep/-i-d-a-p/
idap *nom.1*
drowsiness/-i-d-a-p/
idaresit afa isua *exc*
happy new year/-i-d-a-r-e-s-i-t -a-f-a-i-s-u-a/
ided *nom.1*
hair/-i-d-e-d/
idektrik *nom.1*
electricity/-i-d-e-k-t-r-i-k/
idem idem *nom.1.2*
body/-i-d-e-m/
idem *nom.1*
health/-i-d-e-m/
idem mfó *exc*
how are you/-i-d-e-m -m-fó/
idem mmi osong *exc*
I am well/-i-d-e-m -m-m-i -o-s-o-n-g/
idem-mfo *pro*
yourself/-i-d-e-m-m-f-o/
idem-mfo *pro*
yourselves/-i-d-e-m-m-f-o/
idem-mmor *pro*
themselves/-i-d-e-m-m-m-o-r/
idet-inua *nom.1*
mustache/-i-d-e-t-i-n-u-a/
idiok *nom.1*
evil/-i-came-o-k/
idiok *nom.1*
chimpanzee/-i-came-o-k/
idiok *adj*
wild/-i-came-o-k/
idiok esit *nom.1*
jealousy/-i-cam-e-o-k -e-s-i-t/

idiok ufik *nom.1*
foul/-i-came-o-k -u-f-i-k/
idiok-afum *nom.1*
pollution/-i-ca-me-o-k-a-f-u-m/
idiok-mkpo *nom.1*
crime/-i-ca-me-o-k-m-k-p-o/
idiok-mkpo *nom.1*
abomination/-i-ca-me-o-k-m-k-p-o/
idiom *nom.1*
idiom/-i-ca-me-o-m/
idiongho *act*
signify/-i-came-o-n-g-h-o/
idiongho *nom.1*
symbol/-i-came-o-n-g-h-o/
idiongho *din*
mark/-m-a-r-k/
idiongho *nom.1*
mark/-i-came-o-n-g-h-o/
idip *nom.1*
stomach/-i-came-p/
idip *nom.1*
pregnancy/-i-came-p/
ido *nom.1*
policy/-i-d-o/
ido *nom.1*
culture/-i-d-o/
ido ido *nom.1.2*
behaviour/-i-d-o/
idob *adj*
boring/-i-d-o-b/
idoho *det*
not/-i-d-o-h-o/
idoho *adv*
not/-i-d-o-h-o/
idongesit *nom.1*
comfort/-i-d-o-n-g-e-s-i-t/
idorenyin *nom.1*
hope/-i-d-o-r-e-n-y-i-n/

idorenyin *nom.1*
aspiration/-i-d-o-r-e-n-y-i-n/
idorenyin *nom.1*
confidence/-i-d-o-r-e-n-y-i-n/
idung *nom.1*
village/-i-d-u-n-g/
idwo mmong *nom.1*
cataract/-i-d-w-o -m-m-o-n-g/
ifiok *adj*
civilized/-i-f-i-o-k/
ifiok *nom.1*
idea/-i-f-i-o-k/
ifiok *adj*
wise/-i-f-i-o-k/
ifiok *nom.1*
experience/-i-f-i-o-k/
ifiok *nom.1*
knowledge/-i-f-i-o-k/
ifiok *nom.1*
wisdom/-i-f-i-o-k/
ifok *adj*
intelligent/-i-f-o-k/
ifot *nom.1*
witch/-i-f-o-t/
ifot *nom.1*
witchcraft/-i-f-o-t/
ifu *nom.1*
laziness/-i-f-u/
ifu *adj*
lazy/-i-f-u/
ifum *nom.1*
seat/-i-f-u-m/
nkpo itie ifum *nom.1.2*
chair/-n-k-p-o -i-t-i-e/
ifum-ukara *nom.1*
throne/-i-f-u-m-u-k-a-r-a/
ifuọ *nom.1*
stool/-i-f-uọ/

ifuo *nom.1*
poop/-i-f-u-o/
iguana *nom.1*
iguana/-i-g-u-a-n-a/
ikang *act*
fire/-i-k-a-n-g/
ikang *nom.1*
gun/-i-k-a-n-g/
ikang *adj*
electric/-i-k-a-n-g/
ikang *nom.1*
fire/-i-k-a-n-g/
ike *nom.1*
tobacco/-i-k-e/
ikemeke *adv*
never/-i-k-e-m-e-k-e/
ikemke ndibon *adj*
infertile/-i-k-e-m-k-e -n-ca-m-e-b-o-n/
ikie *adj*
thousand/-i-k-i-e/
ikim *nom.1*
urine/-i-k-i-m/
iko *nom.1*
statement/-i-k-o/
iko *nom.1*
language/-i-k-o/
iko *nom.1*
sentence/-i-k-o/
iko *nom.1*
tin/-i-k-o/
iko *nom.1*
calabash/-i-k-o/
iko *sci*
tin/-i-k-o/
iko iko *nom.1.2*
word/-i-k-o/
iko flower *nom.1*
vase/-i-k-o -f-l-o-w-e-r/

iko mbakara *nom.1*
English/-i-k-o-m-b-a-k-a-r-a/
okop iko mmong *nom.1.2*
cup/-o-k-o-p/
iko-abasi *nom.1*
gospel/-i-k-o-a-b-a-s-i/
iko-ekom *nom.1*
tribute/-i-k-o-e-k-o-m/
ikon *nom.1*
xylophone/-i-k-o-n/
ikon *nom.1*
melon/-i-k-o-n/
ikong *nom.1*
cough/-i-k-o-n-g/
ikong *nom.1*
lettuce/-i-k-o-n-g/
ikong *nom.1*
sputum/-i-k-o-n-g/
ikong *act*
cough/-i-k-o-n-g/
ikpa *nom.1*
whip/-i-k-p-a/
ikpa *nom.1*
cane/-i-k-p-a/
ikpa enang *nom.2*
cowhide/-i-k-p-a-e-n-a-n-g/
ikpa enyong *act*
cloud/-i-k-p-a-e-n-y-o-n-g/
ikpa enyoung *nom.1*
cloud/-i-k-p-a-e-n-y-o-u-n-g/
ikpa enyoung *nom.1*
sky/-i-k-p-a-e-n-y-o-u-n-g/
ikpa idem *nom.1*
skin/-i-k-p-a-i-d-e-m/
ikpa nwed ikpa nwed *nom.1.2*
page/-i-k-p-a-n-w-e-d/
ikpa nwed *nom.1*
paper/-i-k-p-a-n-w-e-d/

ikpa ukot *nom.2*
slippers/-i-k-p-a-u-k-o-t/
ikpaukot ikpa ukot *nom.1.2*
shoe/-i-k-p-a-u-k-o-t/
ikpa-isin *nom.1*
belt/-i-k-p-a-i-s-i-n/
ikpang ikpang *nom.1.2*
spoon/-i-k-p-a-n-g/
ikpang *act*
ladle/-i-k-p-a-n-g/
ikpang *nom.1*
ladle/-i-k-p-a-n-g/
ikpat *nom.1*
foot/-i-k-p-a-t/
ikpe *nom.1*
justice/-i-k-p-e/
ikpong *nom.1*
cocoyam/-i-k-p-o-n-g/
ikpong *adv*
alone/-i-k-p-o-n-g/
ikpu-ikpu *nom.1*
circle/-i-k-p-u-i-k-p-u/
ikpu-ikpu *adj*
zero/-i-k-p-u-i-k-p-u/
ikua *nom.1*
knife/-i-k-u-a/
ikwo *nom.1*
music/-i-k-w-o/
ikwo *nom.1*
song/-i-k-w-o/
ikwo *nom.1*
chorus/-i-k-w-o/
Ilimi *nom.1*
Ndebele/-i-l-i-m-i/
ima *act*
love/-i-m-a/
ima *nom.1*
love/-i-m-a/

ima *nom.1*
affection/-i-m-a/
imam *nom.1*
laughter/-i-m-a-m/
ime *nom.1*
patience/-i-m-e/
immerse *act*
immerse/-i-m-m-e-r-s-e/
immigration *nom.1*
immigrant/-i-m-m-i-g-r-a-t-i-o-n/
imọ *adj*
rich/-i-mọ/
imo *nom.1*
wealth/-i-m-o/
imperfection *nom.1*
imperfection/-i-m-p-e-r-f-ec-t-i-o-n/
imuk *adj*
brief/-i-m-u-k/
imuum *nom.1*
dump/-i-m-u-u-m/
imuum *adj*
mute/-i-m-u-u-m/
ina *nom.1*
sex/-i-n-a/
ina nkan-ubok *nom.1*
rape/-i-n-a -n-k-a-n-u-b-o-k/
ina-esin *nom.1*
adultery/-i-n-a-e-s-i-n/
ina-nkanubok *act*
rape/-i-n-a-n-k-a-n-u-b-o-k/
inam *adj*
funny/-i-n-a-m/
inang *adj*
fourth/-i-n-a-n-g/
inang *adj*
four/-i-n-a-n-g/
India *nom.1*
India/-i-n-came-a/

Indian *nom.1*
Indian/-i-n-came-a-n/
indian *adj*
Indian/-i-n-came-a-n/
indigo *adj*
indigo/-i-n-came-g-o/
indium *sci*
indium/-i-n-ca-me-u-m/
inem *adj*
sweet/-i-n-e-m/
inem-udia *nom.1*
sweet potato/-i-n-e-m-u-ca-m-e-a/
inemesit *nom.1*
happiness/-i-n-e-m-e-s-i-t/
inemesit *nom.1*
joy/-i-n-e-m-e-s-i-t/
inemesit usen emana *exc*
happy birthday/-i-n-e-m-e-s-i-t -u-s-e-n -e-m-a-n-a/
infrastructure *nom.1*
infrastructure/-i-n-f-r-a-s-t-r-uc-t-u-r-e/
ini *nom.1*
time/-i-n-i/
ini *nom.1*
period/-i-n-i/
ini *nom.1*
minute/-i-n-i/
ini *nom.1*
times/-i-n-i/
ini *nom.1*
hour/-i-n-i/
ini uwem *nom.1*
lifetime/-i-n-i -u-w-e-m/
ini-iso *nom.1*
future/-i-n-i-i-s-o/
ini-ke *cjn*
when/-i-n-i-k-e/

ini-mkpo – iso

ini-mkpo *nom.1*
timetable/-i-n-i-m-k-p-o/
inighe *nom.1*
sweetheart/-i-n-i-g-h-e/
inim *nom.1*
parrot/-i-n-i-m/
ino *nom.1*
thief/-i-n-o/
ino *nom.1*
theft/-i-n-o/
ino mkpo inam *act*
achieve/-i-n-o -m-k-p-o -i-n-a-m/
inọọk *adj*
greedy/-i-nọọ-k/
insect *nom.1*
insect/-i-n-s-ec-t/
internet *nom.1*
internet/-i-n-t-e-r-n-e-t/
inua *nom.1*
mouth/-i-n-u-a/
inua mmong *nom.1*
tap/-i-n-u-a -m-m-o-n-g/
inuen inuen *nom.1.2*
bird/-i-n-u-e-n/
inuen *nom.1*
hawk/-i-n-u-e-n/
inuen *nom.1*
falcon/-i-n-u-e-n/
inuen *act*
hawk/-i-n-u-e-n/
inung *nom.1*
salt/-i-n-u-n-g/
invest *act*
invest/-i-n-v-e-s-t/
invoice *nom.1*
invoice/-i-n-v-o-ic-e/
iwang eben esa inwang *nom.1.2*
garden/-i-w-a-n-g -e-b-e-n -e-s-a/

inyang *nom.1*
river/-i-n-y-a-n-g/
inyene *nom.1*
investment/-i-n-y-e-n-e/
inyene ufok *nom.1*
inheritance/-i-n-y-e-n-e -u-f-o-k/
iodine *sci*
iodine/-i-o-cam-e-n-e/
iPhone *din*
iphone/-i-p-h-o-n-e/
iridium *sci*
iridium/-i-r-i-ca-me-u-m/
isang *nom.10*
stroll/-i-s-a-n-g/
isang *act*
walk/-i-s-a-n-g/
isantim *nom.1*
hippopotamus/-i-s-a-n-t-i-m/
isim *act*
tail/-i-s-i-m/
isim *nom.1*
tail/-i-s-i-m/
isin *nom.1*
waist/-i-s-i-n/
isip *nom.1*
nut/-i-s-i-p/
isip mbakara *nom.1*
coconut/-i-s-i-p -m-b-a-k-a-r-a/
Islam *nom.1*
Islam/i-s-l-a-m/
Islamic *adj*
Islamic/-i-s-l-a-m-ic/
island *nom.1*
island/-i-s-l-a-n-d/
iso *adj*
advance/-i-s-o/
iso *nom.1*
face/-i-s-o/

isobo *nom.1*
  crab/-i-s-o-b-o/
isobo *nom.1*
  lobster/-i-s-o-b-o/
isong *nom.1*
  land/-i-s-o-n-g/
isong *act*
  land/-i-s-o-n-g/
isong *nom.1*
  floor/-i-s-o-n-g/
isọng *nom.1*
  ground/-i-sọ-n-g/
isong *adv*
  down/-i-s-o-n-g/
isua *nom.1*
  age/-i-s-u-a/
isua *nom.1*
  year/-i-s-u-a/
isua-duop *nom.1*
  decade/-i-s-u-a-d-u-o-p/
isua-ikie *nom.1*
  century/-i-s-u-a-i-k-i-e/
isung *nom.1*
  debt/-i-s-u-n-g/
ita *nom.1*
  blow/-i-t-a/
ita *adj*
  three/-i-t-a/
itam *nom.1*
  hat/-i-t-a-m/
itat *act*
  rock/-i-t-a-t/
ite *pro*
  it/-i-t-e/
item *nom.1*
  advice/-i-t-e-m/
itia-aba *adj*
  seven/-i-t-i-a-a-b-a/

itia-ita *adj*
  eight/-i-t-i-a-i-t-a/
itiat *nom.1*
  stone/-i-t-i-a-t/
itiat ubedmkpo *nom.1*
  cornerstone/-i-t-i-a-t-u-b-e-d-m-k-p-o/
itie *nom.1*
  location/-i-t-i-e/
itie *nom.1*
  part/-i-t-i-e/
itie *nom.1*
  venue/-i-t-i-e/
itie udia uwem *nom.1*
  hotel/-i-t-i-e-u-ca-m-e-a-u-w-e-m/
itie ukpep mkpo itie ukpep mkpo
  nom.1.2
  class/-i-t-i-e-u-k-p-e-p-m-k-p-o/
itie usin okuk *nom.1*
  bank/-i-t-i-e-u-s-i-n-o-k-u-k/
itie utom *nom.1*
  company/-i-t-i-e-u-t-o-m/
itie utom *nom.1*
  organization/-i-t-i-e-u-t-o-m/
itie-eyen *nom.1*
  womb/-i-t-i-e-e-y-e-n/
itie-ubokutom *nom.1*
  workshop/-i-t-i-e-u-b-o-k-u-t-o-m/
itie-udiamkpo *nom.1*
  restaurant/-i-t-i-e-u-ca-m-e-a-m-k-p-o/
itie-ukodnwed *nom.1*
  library/-i-t-i-e-u-k-o-d-n-w-e-d/
itie-ukpono *nom.1*
  mosque/-i-t-i-e-u-k-p-o-n-o/
itie-usiak-idem *nom.1*
  theatre/-i-t-i-e-u-s-i-a-k-i-d-e-m/
itie-usio-iyip *nom.1*
  laboratory/-i-t-i-e-u-s-i-o-i-y-i-p/

itie-utom – jellow 46

itie-utom *nom.1*
studio/-i-t-i-e-u-t-o-m/
itin *adj*
five/-i-t-i-n/
itiokeed *adj*
six/-i-t-i-o-k-e-e-d/
itit *nom.1*
vagina/-i-t-i-t/
itók *nom.1*
race/-i-tó-k/
itong *nom.1*
neck/-i-t-o-n-g/
itong *nom.1*
greed/-i-t-o-n-g/
itong *nom.1*
throat/-i-t-o-n-g/
itong *nom.1*
curiosity/-i-t-o-n-g/
itong ofong *nom.1*
shirt/-i-t-o-n-g -o-f-o-n-g/
itong ubok *nom.1*
wrist/-i-t-o-n-g -u-b-o-k/
itong ukot *nom.1*
ankle/-i-t-o-n-g -u-k-o-t/
itóng-ofong *nom.1*
bodice/-i-tó-n-g-o-f-o-n-g/
Itsekiri *nom.1*
Itsekiri/-i-t-s-e-k-i-r-i/
itself *nom.1*
itself/-i-t-s-e-l-f/
ivory *nom.1*
ivory/-i-v-o-r-y/
iwa *nom.1*
cassava/-i-w-a/
iwang *nom.1*
farm/-i-w-a-n-g/
iwod-nwed *nom.1*
chapter/-i-w-o-d-n-w-e-d/

iwuot *nom.1*
memory/-i-w-u-o-t/
iya *exc*
wow/-i-y-a/
iyak *act*
fish/-i-y-a-k/
iyak *nom.1*
fish/-i-y-a-k/
iyaresit *adj*
annoying/-i-y-a-r-e-s-i-t/
iyaresit *nom.1*
anger/-i-y-a-r-e-s-i-t/
iyaresit *nom.1*
frustration/-i-y-a-r-e-s-i-t/
iyene *nom.1*
asset/-i-y-e-n-e/
iyene *nom.1*
property/-i-y-e-n-e/
iyene *nom.1*
prosperity/-i-y-e-n-e/
iyiip *nom.1*
blood/-i-y-i-i-p/
iyo *adj*
no/-i-y-o/
iyo *exc*
no/-i-y-o/
j *pho*
j/-j/
jaguar *nom.1*
jaguar/-j-a-g-u-a-r/
jama *nom.1*
jama/-j-a-m-a/
japan *nom.1*
Japan/-j-a-p-a-n/
Japanese *nom.1*
Japanese/j-a-p-a-n-e-s-e/
jellow *adj*
yellow/-j-e-l-l-o-w/

Jerusalem *nom.1*
  Jerusalem/*j-e-r-u-s-a-l-e-m*/
jewelry *nom.1*
  jewelry/*-j-e-w-e-l-r-y*/
johannesburg *nom.1*
  Johannesburg/*-j-o-h-a-n-n-e-s-b-u-r-g*/
junction *nom.1*
  junction/*-j-u-nc-t-i-o-n*/
just *pre*
  just/*-j-u-s-t*/
just *adj*
  just/*-j-u-s-t*/
k *pho*
  k/*-k*/
ka di *exc*
  goodbye/*-k-a -came*/
ka edem *nom.1*
  backspace/*-k-a -e-d-e-m*/
ka-di *nom.1*
  bye/*-k-a-came*/
ka-iso *act*
  continue/*-k-a-i-s-o*/
ka-iso *act*
  proceed/*-k-a-i-s-o*/
kaa *act*
  go/*-k-a-a*/
kaanga *act*
  promise/*-k-a-a-n-g-a*/
kak *act*
  tire/*-k-a-k*/
kak *nom.1*
  tiredness/*-k-a-k*/
kama *act*
  keep/*-k-a-m-a*/
kama *act*
  use/*-k-a-m-a*/
kama *act*
  owe/*-k-a-m-a*/

kama *act*
  stir/*-k-a-m-a*/
kama *nom.1*
  use/*-k-a-m-a*/
kama *nom.1*
  usage/*-k-a-m-a*/
kan *act*
  surpass/*-k-a-n*/
kan *act*
  triumph/*-k-a-n*/
kan *act*
  win/*-k-a-n*/
kan *nom.1*
  victory/*-k-a-n*/
kang *act*
  deny/*-k-a-n-g*/
kapa *act*
  translate/*-k-a-p-a*/
kapa *nom.1*
  translation/*-k-a-p-a*/
kappa-esit *act*
  repent/*-k-a-p-p-a-e-s-i-t*/
kara *act*
  govern/*-k-a-r-a*/
ke *pre*
  for/*-k-e*/
ke *pre*
  to/*-k-e*/
ke *pre*
  in/*-k-e*/
ke *pre*
  at/*-k-e*/
ke-se *act*
  visit/*-k-e-s-e*/
keed *pro*
  one/*-k-e-e-d*/
keene *act*
  follow/*-k-e-e-n-e*/

keere *act*
  think/-k-e-e-r-e/
keere *act*
  memorize/-k-e-e-r-e/
keere *act*
  guess/-k-e-e-r-e/
keere-keet *adj*
  each/-k-e-e-r-e-k-e-e-t/
kekpe *act*
  pluck/-k-e-k-p-e/
Kenya *nom.1*
  Kenya/k-e-n-y-a/
kere *act*
  plan/-k-e-r-e/
kere *nom.1*
  plan/-k-e-r-e/
kid *act*
  found/-k-i-d/
kid *act*
  meet/-k-i-d/
kiet *adj*
  one/-k-i-e-t/
kim *act*
  sew/-k-i-m/
kim *act*
  stab/-k-i-m/
kim *act*
  inject/-k-i-m/
kim *adj*
  dark/-k-i-m/
kindergarten *nom.1*
  kindergarten/-k-i-n-d-e-r-g-a-r-t-e-n/
kindle *act*
  kindle/-k-i-n-d-l-e/
kit *act*
  catch/-k-i-t/
kit *act*
  foresee/-k-i-t/

ko *det*
  the/-k-o/
kod *nom.1*
  reading/-k-o-d/
Kofi *din.1*
  kofi/-k-o-f-i/
koi *act*
  scoop/-k-o-i/
kok *act*
  vomit/-k-o-k/
kok *act*
  grind/-k-o-k/
kokko *act*
  rise/-k-o-k-k-o/
kom *act*
  thank/-k-o-m/
kom *act*
  glorify/-k-o-m/
kom *act*
  greet/-k-o-m/
kọm *act*
  care/-kọ-m/
kongo *nom.1*
  Kongo/-k-o-n-g-o/
koop *act*
  hang/-k-o-o-p/
kọọp *act*
  cup/-kọọ-p/
koot *nom.1*
  growth/-k-o-o-t/
koot *act*
  grow/-k-o-o-t/
kop *act*
  sense/-k-o-p/
kop *act*
  sue/-k-o-p/
kop *act*
  taste/-k-o-p/

kop *act*
　hear/-k-o-p/
kop *act*
　listen/-k-o-p/
kop *nom.1*
　sense/-k-o-p/
kop *nom.1*
　feeling/-k-o-p/
kop *act*
　feel/-k-o-p/
kop-buut *act*
　be shy/-k-o-p-b-u-u-t/
koran *nom.1*
　koran/-k-o-r-a-n/
kord *act*
　germinate/-k-o-r-d/
kpa *act*
　fade/-k-p-a/
kpa *nom.1*
　cost/-k-p-a/
kpa *act*
　die/-k-p-a/
kpaaba *adj*
　flat/-k-p-a-a-b-a/
kpaat *nom.1*
　distance/-k-p-a-a-t/
kpagha *act*
　cross/-k-p-a-g-h-a/
kpan *nom.1*
　warning/-k-p-a-n/
kpan *act*
　discipline/-k-p-a-n/
kpan *act*
　warn/-k-p-a-n/
kpana *nom.1*
　framework/-k-p-a-n-a/
kpappa *act*
　lift/-k-p-a-p-p-a/

kpappa *nom.1*
　lift/-k-p-a-p-p-a/
kpe *act*
　pay/-k-p-e/
kpe *nom.1*
　judge/-k-p-e/
kpe *exc*
　sorry/-k-p-e/
kpeep *act*
　study/-k-p-e-e-p/
kpeke *act*
　slice/-k-p-e-k-e/
kpem *act*
　learn/-k-p-e-m/
kpem *act*
　teach/-k-p-e-m/
kpeme *act*
　guide/-k-p-e-m-e/
kpeme *act*
　prevent/-k-p-e-m-e/
kpen *act*
　paint/-k-p-e-n/
kpere *act*
　approach/-k-p-e-r-e/
kpi *act*
　cut/-k-p-i/
kpoho *nom.1*
　change/-k-p-o-h-o/
kpoi *act*
　bark/-k-p-o-i/
kpọk *act*
　crow/-k-pọ-k/
kpokko *act*
　hit/-k-p-o-k-k-o/
kpon *adj*
　broad/-k-p-o-n/
kpong *act*
　leave/-k-p-o-n-g/

kponno *adj*
clear/-k-p-o-n-n-o/
kpono *act*
worship/-k-p-o-n-o/
kpono *act*
honour/-k-p-o-n-o/
kpono *act*
obey/-k-p-o-n-o/
kpono *nom.1*
respect/-k-p-o-n-o/
kpono *act*
respect/-k-p-o-n-o/
kpono *nom.1*
dignity/-k-p-o-n-o/
kpono *nom.1*
worship/-k-p-o-n-o/
kpuho *nom.1*
development/-k-p-u-h-o/
kpuho *act*
transform/-k-p-u-h-o/
kpukpru *adj*
every/-k-p-u-k-p-r-u/
kpukpru owo *pro*
everyone/-k-p-u-k-p-r-u -o-w-o/
kpuut *act*
gather/-k-p-u-u-t/
krio *nom.1*
Krio/-k-r-i-o/
krypton *sci*
krypton/-k-r-y-p-t-o-n/
kuat *act*
scrape/-k-u-a-t/
kud *act*
call/-k-u-d/
kud *act*
read/-k-u-d/
kuhore *act*
clean/-k-u-h-o-r-e/

kuk *act*
heal/-k-u-k/
kuohode *act*
wipe/-k-u-o-h-o-d-e/
kuoi *act*
peel/-k-u-o-i/
kuok *act*
sweep/-k-u-o-k/
kuoro *act*
preach/-k-u-o-r-o/
kup *nom.1*
heap/-k-u-p/
kuppo *act*
open/-k-u-p-p-o/
nkpo uyet usan kusà *nom.1.2*
sponge/-n-k-p-o -u-y-e-t -u-s-a-n/
kutor-kutor *adj*
diverse/-k-u-t-o-r-k-u-t-o-r/
kuuk *act*
shut/-k-u-u-k/
kuuk *act*
shut down/-k-u-u-k/
kwehe *act*
settle/-k-w-e-h-e/
Kweku *din*
kweku/-k-w-e-k-u/
kwo *act*
sing/-k-w-o/
kwo *nom.1*
singing/-k-w-o/
kwo-jama *act*
sing jama/-k-w-o-j-a-m-a/
l *pho*
l/-l/
lab *nom.1*
lab/-l-a-b/
lanthanum *sci*
lanthanum/-l-a-n-t-h-a-n-u-m/

lawrencium *sci*
lawrencium/-*l-a-w-r-e-nc-i-u-m*/
leather *nom.1*
leather/-*l-e-a-t-h-e-r*/
ledge *nom.1*
ledge/-*l-e-d-g-e*/
lemon *nom.1*
lemon/-*l-e-m-o-n*/
length *nom.1*
length/-*l-e-n-g-t-h*/
leopard *nom.1*
leopard/-*l-e-o-p-a-r-d*/
lesotho *nom.1*
Lesotho/-*l-e-s-o-t-h-o*/
Likpakpaln *nom.1*
Konkomba/-*l-i-k-p-a-k-p-a-l-n*/
lily *nom.1*
lily/-*l-i-l-y*/
limal *act*
build/-*l-i-m-a-l*/
line *nom.1*
line/-*l-i-n-e*/
Lingala *nom.1*
Lingala/-*l-i-n-g-a-l-a*/
link *nom.1*
link/-*l-i-n-k*/
lithium *sci*
lithium/-*l-i-t-h-i-u-m*/
liver *nom.1*
liver/-*l-i-v-e-r*/
living-room *nom.1*
living-room/-*l-i-v-i-n-g-r-o-o-m*/
lockdown *nom.1*
lockdown/-*l-oc-k-d-o-w-n*/
log-in *act*
log in/-*l-o-g-i-n*/
logo *nom.1*
logo/-*l-o-g-o*/

Lomwe *nom.1*
Lomwe/*l-o-m-w-e*/
lung *nom.1*
lung/-*l-u-n-g*/
lutetium *sci*
lutetium/-*l-u-t-e-t-i-u-m*/
m *pho*
m/-*m*/
ma *nom.1*
lover/-*m-a*/
ma *act*
admire/-*m-a*/
ma *act*
finish/-*m-a*/
ma *nom.1*
treasure/-*m-a*/
ma *act*
date/-*m-a*/
ma *adv*
like/-*m-a*/
ma *act*
like/-*m-a*/
ma *pre*
like/-*m-a*/
ma *act*
adore/-*m-a*/
magnesium *sci*
magnesium/-*m-a-g-n-e-s-i-u-m*/
mail *nom.1*
mail/-*m-a-i-l*/
manganese *sci*
manganese/-*m-a-n-g-a-n-e-s-e*/
manko *nom.1*
mango/-*m-a-n-k-o*/
map *nom.1*
map/-*m-a-p*/
marijuana *nom.1*
marijuana/-*m-a-r-i-j-u-a-n-a*/

Matthew *nom.1*
Matthew/*m-a-t-t-h-e-w*/
mbad *adj*
filthy/*-m-b-a-d*/
mbai *nom.1*
wing/*-m-b-a-i*/
mbamba *nom.1*
scorpion/*-m-b-a-m-b-a*/
mbara *nom.1*
nail/*-m-b-a-r-a*/
mbat *adj*
dirty/*-m-b-a-t*/
mbat *nom.1*
mud/*-m-b-a-t*/
mbed *nom.1*
law/*-m-b-e-d*/
mbed *nom.1*
tradition/*-m-b-e-d*/
mbem-iso *pre*
before/*-m-b-e-m-i-s-o*/
mbeme mbeme *nom.1.2*
question/*-m-b-e-m-e*/
mben *nom.1*
corner/*-m-b-e-n*/
mbere *nom.1*
game/*-m-b-e-r-e*/
mbid *nom.1*
mattress/*-m-b-i-d*/
mbiet *act*
weed/*-m-b-i-e-t*/
mbiod *nom.1*
grass/*-m-b-i-o-d*/
mbire *nom.1*
play/*-m-b-i-r-e*/
mboho *nom.1*
association/*-m-b-o-h-o*/
mbok *nom.1*
history/*-m-b-o-k*/

mbok *adv*
please/*-m-b-o-k*/
mbók-idung *nom.1*
neighbourhood/*-m-bó-k-i-d-u-n-g*/
mboko *nom.1*
sugarcane/*-m-b-o-k-o*/
mbom *nom.1*
mercy/*-m-b-o-m*/
mbom *act*
show ... pity/*-m-b-o-m*/
mbom *adj*
pitiful/*-m-b-o-m*/
mbon *adj*
scarce/*-m-b-o-n*/
mbon *nom.2*
scar/*-m-b-o-n*/
mbon unan *act*
bruise/*-m-b-o-n -u-n-a-n*/
mbop-ibuot *nom.1*
headscarf/*-m-b-o-p-i-b-u-o-t*/
mboro *nom.1*
banana/*-m-b-o-r-o*/
mbot *nom.1*
porridge/*-m-b-o-t*/
mbri ikpa mbra ikpa *nom.1.2*
ball/*-m-b-r-i -i-k-p-a*/
mbuk-uwem mbuk-uwem *nom.1.10*
biography/*-m-b-u-k-u-w-e-m*/
mbuotidem *nom.1*
faith/*-m-b-u-o-t-i-d-e-m*/
mbutidem *nom.1*
trust/*-m-b-u-t-i-d-e-m*/
meenge *act*
swallow/*-m-e-e-n-g-e*/
meitnerium *sci*
meitnerium/*-m-e-i-t-n-e-r-i-u-m*/
mem *adj*
soft/*-m-e-m*/

mem *adj*
  weak/-m-e-m/
men *nom.1*
  swallow/-m-e-n/
mendelevium *sci*
  mendelevium/-m-e-n-d-e-l-e-v-i-u-m/
mercury *sci*
  mercury/-m-e-rc-u-r-y/
metre *nom.1*
  metre/-m-e-t-r-e/
mfana *nom.1*
  trouble/-m-f-a-n-a/
mfana *adj*
  turbulent/-m-f-a-n-a/
mfana *nom.1*
  problem/-m-f-a-n-a/
mfana *nom.1*
  issue/-m-f-a-n-a/
mfang *nom.1*
  leaf/-m-f-a-n-g/
mfem *nom.1*
  cockroach/-m-f-e-m/
mfem *nom.1*
  beetle/-m-f-e-m/
mfet *nom.1*
  penis/-m-f-e-t/
mfin *adv*
  today/-m-f-i-n/
mfire *nom.1*
  brain/-m-f-i-r-e/
mfon *adj*
  gracious/-m-f-o-n/
mfon *nom.1*
  favour/-m-f-o-n/
mfon *nom.1*
  grace/-m-f-o-n/
mfri mfri *nom.1.2*
  cucumber/-m-f-r-i/

mfuk *nom.1*
  chin/-m-f-u-k/
mi *adv*
  here/-m-i/
mia *nom.1*
  beat/-m-i-a/
mia *act*
  clap/-m-i-a/
millet *nom.1*
  millet/-m-i-l-l-e-t/
million *adj*
  million/-m-i-l-l-i-o-n/
miom *act*
  insult/-m-i-o-m/
miom *nom.1*
  insult/-m-i-o-m/
mkpa *nom.1*
  death/-m-k-p-a/
mkpa idem *adj*
  wonderful/-m-k-p-a -i-d-e-m/
mkpa-inuun *nom.1*
  ring/-m-k-p-a-i-n-u-u-n/
mkpafafagha *nom.1*
  armpit/-m-k-p-a-f-a-f-a-g-h-a/
mkpafang *nom.1*
  path/-m-k-p-a-f-a-n-g/
mkpan utong mkpan utong *nom.1.2*
  earring/-m-k-p-a-n -u-t-o-n-g/
mkpasi *nom.1*
  seed/-m-k-p-a-s-i/
mkpasip *nom.1*
  grain/-m-k-p-a-s-i-p/
mkpefiok *nom.1*
  regret/-m-k-p-e-f-i-o-k/
mkpekpem *nom.1*
  bat/-m-k-p-e-k-p-e-m/
mkpo *pro*
  it/-m-k-p-o/

mkpo *act*
shout/-m-k-p-o/
mkpo *adj*
loud/-m-k-p-o/
mkpo *nom.1*
thing/-m-k-p-o/
mkpọ *pro*
its/-m-k-pọ/
mkpo *pro*
something/-m-k-p-o/
mkpo ekong *nom.1*
weapon/-m-k-p-o -e-k-o-n-g/
mkpo imam *adj*
amusing/-m-k-p-o -i-m-a-m/
mkpo isang *nom.1*
caterpillar/-m-k-p-o -i-s-a-n-g/
mkpo isang *act*
train/-m-k-p-o -i-s-a-n-g/
mkpo isang *nom.1*
taxi/-m-k-p-o -i-s-a-n-g/
mkpo isang *nom.1*
van/-m-k-p-o -i-s-a-n-g/
mkpo isang mkpo isang *nom.1.2*
car/-m-k-p-o -i-s-a-n-g/
mkpo isang *nom.1*
bus/-m-k-p-o -i-s-a-n-g/
mkpo isang *nom.1*
motorcycle/-m-k-p-o -i-s-a-n-g/
mkpo isang *nom.1*
vehicle/-m-k-p-o -i-s-a-n-g/
mkpo itie *nom.1*
sofa/-m-k-p-o -i-t-i-e/
mkpo itong *nom.2*
necklace/-m-k-p-o -i-t-o-n-g/
mkpo nna mkpo nna *nom.1.2*
bed/-m-k-p-o -n-n-a/
mkpo nsup *adj*
mental/-m-k-p-o -n-s-u-p/

mkpo nyed usan *nom.1*
sink/-m-k-p-o -n-y-e-d -u-s-a-n/
udori ibuot mkpo udod ibut *nom.1.2*
pillow/-u-d-o-r-i -i-b-u-o-t/
mkpo udua *nom.1*
product/-m-k-p-o -u-d-u-a/
mkpo ufuk iso mkpo ufuk iso *nom.1.2*
mask/-m-k-p-o -u-f-u-k -i-s-o/
mkpo ukuhore efod mkpo ukuhore efod *nom.1.2*
toilet roll/-m-k-p-o -u-k-u-h-o-r-e -e-f-o-d/
nkpo utuk edet mkpo usok inua *nom.1.2*
toothbrush/-n-k-p-o -u-t-u-k -e-d-e-t/
mkpo usok inua *nom.2*
toothpaste/-m-k-p-o -u-s-o-k -i-n-u-a/
mkpo utang-iko *act*
phone/-m-k-p-o -u-t-a-n-g-i-k-o/
mkpo uting iko *nom.2*
telephone/-m-k-p-o -u-t-i-n-g -i-k-o/
mkpo utom *nom.1*
material/-m-k-p-o -u-t-o-m/
mkpo-awongho *nom.1*
definition/-m-k-p-o-a-w-o-n-g-h-o/
mkpo-esed *nom.1*
antiquity/-m-k-p-o-e-s-e-d/
mkpo-ibok *nom.1*
fetish/-m-k-p-o-i-b-o-k/
mkpo-idoho *nom.1*
nothing/-m-k-p-o-i-d-o-h-o/
mkpo-itie *nom.1*
couch/-m-k-p-o-i-t-i-e/
mkpo-mbio *nom.1*
trash/-m-k-p-o-m-b-i-o/
mkpo-nsop *act*
possess/-m-k-p-o-n-s-o-p/

mkpo-ntipe *nom.1*
consequence/-m-k-p-o-n-t-i-p-e/
mkpo-usin ebifik *nom.1*
ventilator/-m-k-p-o-u-s-i-n -e-b-i-f-i-k/
mkpo-usio-ndise *nom.1*
camera/-m-k-p-o-u-s-i-o-n-ca-m-e-s-e/
mkpo-uting-iko *nom.1*
microphone/-m-k-p-o-u-t-i-n-g-i-k-o/
mkpo-utom *nom.1*
tool/-m-k-p-o-u-t-o-m/
mkpofioufiop *nom.1*
butterfly/-m-k-p-o-f-i-o-u-f-i-o-p/
mkpoh *nom.1*
catarrh/-m-k-p-o-h/
mkpok inua *nom.1*
lip/-m-k-p-o-k -i-n-u-a/
mkpokobo *nom.1*
prison/-m-k-p-o-k-o-b-o/
mkpon *nom.1*
pride/-m-k-p-o-n/
mkpong *adv*
yesterday/-m-k-p-o-n-g/
mkpọng *act*
avoid/-m-k-pọ-n-g/
mkpong *adv*
tomorrow/-m-k-p-o-n-g/
mkpri sokoro *nom.1*
lime/-m-k-p-r-i -s-o-k-o-r-o/
mkum *nom.1*
allergy/-m-k-u-m/
mma *nom.1*
value/-m-m-a/
mmasang *nom.1*
groundnut/-m-m-a-s-a-n-g/
mme adaha *nom.1*
committee/-m-m-e -a-d-a-h-a/
mme mbet *nom.1*
disciple/-m-m-e -m-b-e-t/

mme owo *nom.1*
people/-m-m-e -o-w-o/
mme utor mme utor *nom.1.2*
colour/-m-m-e -u-t-o-r/
mmeme *act*
soften/-m-m-e-m-e/
mmeme *adj*
easy/-m-m-e-m-e/
mmi *nom.1*
here/-m-m-i/
mmi *pos*
my/-m-m-i/
mmi *pro*
myself/-m-m-i/
mmi doho *cjn*
or/-m-m-i -d-o-h-o/
mmin *nom.1*
wine/-m-m-i-n/
mmin *nom.1*
alcohol/-m-m-i-n/
mmiong *act*
fart/-m-m-i-o-n-g/
mmo *pro*
them/-m-m-o/
mmo *pos*
their/-m-m-o/
mmong *nom.1*
dew/-m-m-o-n-g/
mmong *nom.2*
water/-m-m-o-n-g/
mmong *nom.1*
liquid/-m-m-o-n-g/
mmong aben *act*
drown/-m-m-o-n-g -a-b-e-n/
mmóng eba *nom.1*
milk/-m-mó-n-g -e-b-a/
mmong ikang *nom.1*
kerosene/-m-m-o-n-g -i-k-a-n-g/

mmong itie kiet *nom.1*
lake/-m-m-o-n-g -i-t-i-e -k-i-e-t/
mmor *pre*
from/-m-m-o-r/
mmum ndian mmum ndiàn *nom.1.2*
connection/-m-m-u-m -n-ca-me-a-n/
molybdenum *sci*
molybdenum/-m-o-l-y-b-d-e-n-u-m/
mum *act*
grab/-m-u-m/
mum *act*
hold/-m-u-m/
n *pho*
n/-n/
nam *nom.1*
process/-n-a-m/
nam *act*
make/-n-a-m/
nam *act*
claim/-n-a-m/
nam *act*
construct/-n-a-m/
nam *act*
treat/-n-a-m/
nam *act*
do/-n-a-m/
nam nor *nom.1*
doctor/-n-a-m -n-o-r/
nam-eyong *act*
made up/-n-a-m-e-y-o-n-g/
nam-idiok *act*
be evil/-n-a-m-i-ca-me-o-k/
nam-ima *act*
make love/-n-a-m-i-m-a/
Namibia *nom.1*
Namibia/n-a-m-i-b-i-a/
nanga-iba *adj*
both/-n-a-n-g-a-i-b-a/

national *adj*
national/-n-a-t-i-o-n-a-l/
nda eyo *nom.1*
sunrise/-n-d-a -e-y-o/
nda-eyo *nom.1*
summer/-n-d-a-e-y-o/
ndahare- nno *nom.1*
forgiveness/-n-d-a-h-a-r-e- -n-n-o/
ndang *nom.1*
louse/-n-d-a-n-g/
nde *adv*
too/-n-d-e/
ndedeng *adj*
wet/-n-d-e-d-e-n-g/
ndedeng *adj*
cold/-n-d-e-d-e-n-g/
ndedeng *adj*
freezing/-n-d-e-d-e-n-g/
ndedibe *nom.1*
secret/-n-d-e-cam-e-b-e/
ndedibe *adj*
secret/-n-d-e-cam-e-b-e/
ndek *adj*
raw/-n-d-e-k/
ndi ewod owo *nom.1*
murder/-n-cam-e -e-w-o-d -o-w-o/
ndi-yem *nom.1*
demand/-n-ca-m-e-y-e-m/
ndia uwem *act*
enjoy/-n-ca-m-e-a -u-w-e-m/
ndibene *nom.2*
wall/-n-cam-e-b-e-n-e/
ndidibe-mkpo *nom.1*
mystery/-n-ca-m-e-ca-m-e-b-e-m-k-p-o/
ndien *cjn*
and/-n-cam-e-e-n/
ndien *cjn*
then/-n-cam-e-e-n/

ndien *cjn*
nevertheless/-n-cam-e-e-n/
ndien *adv*
then/-n-cam-e-e-n/
ndifop-mkpo *act*
incinerate/-n-ca-me-f-o-p-m-k-p-o/
ndik *nom.10*
fear/-n-came-k/
ndik *adj*
scary/-n-came-k/
ndikpe okuk *nom.1*
deposit/-n-cam-e-k-p-e -o-k-u-k/
ndikpe-okuk *nom.1*
payment/-n-cam-e-k-p-e-o-k-u-k/
ndinoh *nom.1*
delivery/-n-came-n-o-h/
ndiohoke *adj*
unfamiliar/-n-cam-e-o-h-o-k-e/
ndise ndise *nom.1.2*
picture/-n-cam-e-s-e/
ndise *nom.1*
movie/-n-cam-e-s-e/
ndise *nom.1*
photograph/-n-cam-e-s-e/
ndise *nom.1*
passport/-n-cam-e-s-e/
ndise *act*
photograph/-n-cam-e-s-e/
ndisi *act*
row/-n-came-s-i/
ndisi *adj*
alive/-n-came-s-i/
ndisiime *nom.1*
nonsense/-n-ca-m-e-s-i-i-m-e/
ndisong-eyen *nom.1*
scorn/-n-cam-e-s-o-n-g-e-y-e-n/
ndisua *nom.1*
contempt/-n-came-s-u-a/

ndito eka *nom.2*
sibling/-n-cam-e-t-o -e-k-a/
ndiyam *nom.1*
trade/-n-ca-me-y-a-m/
ndiyiip-owo *adj*
little/-n-came-y-i-i-p-o-w-o/
ndiyiip-owo *nom.1*
kidnapping/-n-came-y-i-i-p-o-w-o/
ndo *act*
marry/-n-d-o/
ndo *nom.2*
marriage/-n-d-o/
ndo *act*
scare/-n-d-o/
ndó *nom.1*
wedding/-n-dó/
ndod-uyo *act*
accuse/-n-d-o-d-u-y-o/
ndongesit *act*
comfort/-n-d-o-n-g-e-s-i-t/
nduba *nom.1*
competition/-n-d-u-b-a/
ndubeghe *act*
trade/-n-d-u-b-e-g-h-e/
ndubeghe *nom.1*
business/-n-d-u-b-e-g-h-e/
ndubeghe *nom.1*
trading/-n-d-u-b-e-g-h-e/
ndubeghe *nom.1*
relationship/-n-d-u-b-e-g-h-e/
ndubire *nom.1*
evening/-n-d-u-b-i-r-e/
ndudu *nom.1*
hole/-n-d-u-d-u/
ndudue *nom.1*
guilt/-n-d-u-d-u-e/
ndudwe *nom.1*
mistake/-n-d-u-d-w-e/

nduk-odudu *nom.1*
   holiday/-n-d-u-k-o-d-u-d-u/
ndukóm-ekpe *nom.1*
   spider/-n-d-u-kó-m-e-k-p-e/
ndung-ndiana *nom.1*
   neighbour/-n-d-u-n-g-n-came-a-n-a/
Nederlands *nom.1*
   Dutch/-n-e-d-e-r-l-a-n-d-s/
negative *adj*
   negative/-n-e-g-a-t-i-v-e/
nehe *act*
   arrange/-n-e-h-e/
nehe *nom.1*
   set/-n-e-h-e/
nem *act*
   trust/-n-e-m/
neme *act*
   converse/-n-e-m-e/
neme *act*
   let ... know/-n-e-m-e/
nen *act*
   straighten/-n-e-n/
nen *nom.1*
   right/-n-e-n/
nen *nom.1*
   rights/-n-e-n/
neodymium *sci*
   neodymium/-n-e-o-d-y-m-i-u-m/
neon *sci*
   neon/-n-e-o-n/
neptunium *sci*
   neptunium/-n-e-p-t-u-n-i-u-m/
network *nom.1*
   network/-n-e-t-w-o-r-k/
neutron *sci*
   neutron/-n-e-u-t-r-o-n/
nfana nfana *nom.1.10*
   bully/-n-f-a-n-a/

nfere *nom.1*
   fruit/-n-f-e-r-e/
ngine *nom.1*
   machine/-n-g-i-n-e/
ngine *nom.1*
   engine/-n-g-i-n-e/
ngineer *nom.1*
   engineer/-n-g-i-n-e-e-r/
ngkanga *adj*
   empty/-n-g-k-a-n-g-a/
ngke *nom.1*
   parable/-n-g-k-e/
ngket *act*
   lead/-n-g-k-e-t/
ngket *sci*
   lead/-n-g-k-e-t/
ngkube *nom.1*
   athlete/-n-g-k-u-b-e/
ngkukumkpoyoriyo *nom.1*
   locust/-n-g-k-u-k-u-m-k-p-o-y-o-r-i-y-o/
ngwa ebek *nom.1*
   beard/-n-g-w-a-e-b-e-k/
ngwana *act*
   fight/-n-g-w-a-n-a/
ngwanga *act*
   clear/-n-g-w-a-n-g-a/
ngweem *act*
   lick/-n-g-w-e-e-m/
ngwene *act*
   flicker/-n-g-w-e-n-e/
ngwim *act*
   bear fruit/-n-g-w-i-m/
ngwo *nom.1*
   bribe/-n-g-w-o/
ngwo *nom.1*
   bribery/-n-g-w-o/
ngwong *act*
   drink/-n-g-w-o-n-g/

ngwong *nom.1*
drink/-n-g-w-o-n-g/
ngwong kpa *nom.1*
drunkard/-n-g-w-o-n-g -k-p-a/
nickel *sci*
nickel/-n-ic-k-e-l/
niin *act*
doubt/-n-i-i-n/
niin *act*
dispute/-n-i-i-n/
nim *act*
maintain/-n-i-m/
nim *act*
preserve/-n-i-m/
nim *act*
believe/-n-i-m/
nim *nom.1*
belief/-n-i-m/
nime *act*
switch off/-n-i-m-e/
nime *act*
turn off/-n-i-m-e/
niobium *sci*
niobium/-n-i-o-b-i-u-m/
nitrogen *sci*
nitrogen/-n-i-t-r-o-g-e-n/
nka *nom.1*
age group/-n-k-a/
nka *nom.1*
peer/-n-k-a/
nka *act*
mate/-n-k-a/
nkanga *adj*
mere/-n-k-a-n-g-a/
nkanika nkanika *nom.1.2*
clock/-n-k-a-n-i-k-a/
nkanika *nom.1*
bell/-n-k-a-n-i-k-a/

nkara *adj*
cunning/-n-k-a-r-a/
nkara *act*
trick/-n-k-a-r-a/
nkara *act*
pretend/-n-k-a-r-a/
nkara *nom.1*
hypocrisy/-n-k-a-r-a/
nké *nom.1*
proverb/-n-ké/
nkid-ikid *nom.1*
owl/-n-k-i-d-i-k-i-d/
nkikid *nom.1*
vision/-n-k-i-k-i-d/
nkikid *act*
prophesy/-n-k-i-k-i-d/
nkokibout *nom.1*
budget/-n-k-o-k-i-b-o-u-t/
nkon *act*
snore/-n-k-o-n/
nkong ibok *nom.1*
herb/-n-k-o-n-g -i-b-o-k/
nkpo utem udia *nom.1*
stove/-n-k-p-o -u-t-e-m -u-ca-m-e-a/
nkwa *nom.1*
bead/-n-k-w-a/
nkwa *nom.1*
cube/-n-k-w-a/
nkwa eyen *nom.1*
eyeball/-n-k-w-a -e-y-e-n/
nkwa-ibok *nom.1*
tablet/-n-k-w-a-i-b-o-k/
nmo *pro*
they/-n-m-o/
nmor *adv*
where/-n-m-o-r/
nna-fon *exc*
sleep tight/-n-n-a-f-o-n/

nne-nne *adj*
  correct/*-n-n-e-n-n-e*/
nne-nne *adj*
  upright/*-n-n-e-n-n-e*/
nneenem *adj*
  pleasant/*-n-n-e-e-n-e-m*/
nneme *nom.1*
  conversation/*-n-n-e-m-e*/
nnor *act*
  infect/*-n-n-o-r*/
nnuon ubok *nom.1*
  finger/*-n-n-u-o-n -u-b-o-k*/
nnuon ubok *nom.1*
  thumb/*-n-n-u-o-n -u-b-o-k*/
nnyin *pro*
  we/*-n-n-y-i-n*/
nnyin nnyin *pos.1*
  our/*-n-n-y-i-n*/
Noah *nom.1*
  Noah/*n-o-a-h*/
nobelium *sci*
  nobelium/*-n-o-b-e-l-i-u-m*/
noono *act*
  give/*-n-o-o-n-o*/
nor *act*
  provide/*-n-o-r*/
north *nom.1*
  north/*-n-o-r-t-h*/
northern *adj*
  northern/*-n-o-r-t-h-e-r-n*/
Norway *nom.1*
  Norway/*n-o-r-w-a-y*/
noun *nom.1*
  noun/*-n-o-u-n*/
nsaha-iso *nom.1*
  opposite/*-n-s-a-h-a-i-s-o*/
nsan nsan *nom.1*
  social distancing/*-n-s-a-n -n-s-a-n*/

nsek ayen akpo *nom.2*
  doll/*-n-s-e-k -a-y-e-n -a-k-p-o*/
nsek eyen nsek eyen *nom.1.2*
  baby/*-n-s-e-k -e-y-e-n*/
nsen unen *nom.1*
  egg/*-n-s-e-n -u-n-e-n*/
nsi-nsi *adv*
  forever/*-n-s-i-n-s-i*/
nsi-nsi *nom.1*
  infinity/*-n-s-i-n-s-i*/
nsido *pro*
  what/*-n-s-i-d-o*/
nsinsi *adj*
  eternal/*-n-s-i-n-s-i*/
nsinsi *adj*
  permanent/*-n-s-i-n-s-i*/
nsio *adj*
  ostentatious/*-n-s-i-o*/
nsip- nsip *adj*
  slim/*-n-s-i-p- -n-s-i-p*/
nsọngọ-mkpọ *nom.1*
  hardship/*-n-sọ-n-gọ-m-k-pọ*/
nsongurua *adj*
  expensive/*-n-s-o-n-g-u-r-u-a*/
nsu *nom.1*
  falsification/*-n-s-u*/
nsubó *adv*
  seldomly/*-n-s-u-bó*/
nsuhuridem *nom.1*
  humility/*-n-s-u-h-u-r-i-d-e-m*/
nsungikang *nom.1*
  smoke/*-n-s-u-n-g-i-k-a-n-g*/
nta nta offiong *nom.1*
  star/*-n-t-a -n-t-a -o-f-f-i-o-n-g*/
ntaha *adv*
  why/*-n-t-a-h-a*/
ntak *nom.1*
  purpose/*-n-t-a-k*/

ntak *nom.1*
reason/-n-t-a-k/
ntan *nom.1*
sand/-n-t-a-n/
nte kiet *adj*
any/-n-t-e -k-i-e-t/
ntie ntie efe *nom.1.2*
place/-n-t-i-e/
ntiensé *nom.1*
witness/-n-t-i-e-n-sé/
nto *nom.1*
environment/-n-t-o/
ntong *nom.1*
dust/-n-t-o-n-g/
ntor ndaha *nom.1*
station/-n-t-o-r -n-d-a-h-a/
ntoro *exc*
yes/-n-t-o-r-o/
ntoro *adj*
normal/-n-t-o-r-o/
ntre *act*
be/-n-t-r-e/
ntuen ibok *nom.1*
alligator pepper/-n-t-u-e-n -i-b-o-k/
ntukko *nom.1*
fog/-n-t-u-k-k-o/
ntukon *nom.1*
pepper/-n-t-u-k-o-n/
nua *act*
push/-n-u-a/
nuakka *act*
smash/-n-u-a-k-k-a/
nwa ebek *nom.1*
bear/-n-w-a -e-b-e-k/
nwa eyen *nom.1*
eyelash/-n-w-a -e-y-e-n/
nwa eyen *nom.1*
eyebrow/-n-w-a -e-y-e-n/

nwam *act*
assist/-n-w-a-m/
nwam *act*
support/-n-w-a-m/
nwana *act*
strive/-n-w-a-n-a/
nwana *act*
try/-n-w-a-n-a/
nwed *nom.1*
writing/-n-w-e-d/
nwéd nwed *nom.1.2*
book/-n-wé-d/
nwed ikó nwed iko *nom.1.2*
dictionary/-n-w-e-d -i-kó/
nwéd iko àbàsi nwed iko abasi *nom.1.2*
bible/-n-wé-d -i-k-o à-bà-s-i/
nwed usen-offiong *nom.1*
calendar/-n-w-e-d -u-s-e-n-o-f-f-i-o-n-g/
nwed-akuk *nom.1*
voucher/-n-w-e-d-a-k-u-k/
nwed-etop *nom.1*
letter/-n-w-e-d-e-t-o-p/
nwed-etop *nom.1*
newspaper/-n-w-e-d-e-t-o-p/
nwed-mbok *nom.1*
magazine/-n-w-e-d-m-b-o-k/
nwed-okuk *nom.1*
check/-n-w-e-d-o-k-u-k/
nwud *act*
reveal/-n-w-u-d/
nya *nom.1*
garden egg/-n-y-a/
nyahade mkpo *adj*
lightweight/-n-y-a-h-a-d-e -m-k-p-o/
nyai *act*
flatulate/-n-y-a-i/
nyam *act*
sell/-n-y-a-m/

nyan *adv*
forward/-n-y-a-n/
nyan *nom.1*
point/-n-y-a-n/
nyek *act*
tremble/-n-y-e-k/
nyek *act*
shiver/-n-y-e-k/
nyek *act*
vibrate/-n-y-e-k/
nyeme *act*
reject/-n-y-e-m-e/
nyen-edong *nom.1*
lamb/-n-y-e-n-e-d-o-n-g/
nyianga *act*
save/-n-y-i-a-n-g-a/
nyiik *act*
whine/-n-y-i-i-k/
nyimme *act*
squeeze/-n-y-i-m-m-e/
nyin *pro*
ourselves/-n-y-i-n/
nyoo *nom.1*
herring/-n-y-o-o/
nyoon *act*
crawl/-n-y-o-o-n/
nyoong *adj*
tall/-n-y-o-o-n-g/
nyoong *adj*
long/-n-y-o-o-n-g/
o *pho*
oa/-o/
obio *nom.2*
country/-o-b-i-o/
obio *nom.1*
Algeria/-o-b-i-o/
obio *nom.1*
kingdom/-o-b-i-o/

obio *nom.1*
nation/-o-b-i-o/
obio *act*
state/-o-b-i-o/
obio *nom.1*
town/-o-b-i-o/
obio *nom.1*
state/-o-b-i-o/
obio *nom.1*
state/-o-b-i-o/
obio *nom.1*
city/-o-b-i-o/
obio *nom.1*
Nigerian/-o-b-i-o/
obio idung *nom.2*
Africa/-o-b-i-o -i-d-u-n-g/
obio idung obio idung *nom.1.2*
Asia/-o-b-i-o -i-d-u-n-g/
obio idung obio idung *nom.1.2*
Benin/-o-b-i-o -i-d-u-n-g/
obio idung *nom.2*
Congo/-o-b-i-o -i-d-u-n-g/
obio idung *nom.2*
Cote d'Ivoire/-o-b-i-o -i-d-u-n-g/
obio idung obio idung *nom.1.2*
China/-o-b-i-o -i-d-u-n-g/
obio mbakara *adj*
American/-o-b-i-o -m-b-a-k-a-r-a/
Obio Mbakara *nom.1*
America/-o-b-i-o m-b-a-k-a-r-a/
obio mbakara *nom.1*
abroad/-o-b-i-o -m-b-a-k-a-r-a/
obio-mfia *nom.1*
American/-o-b-i-o-m-f-i-a/
Obio-mfia Obio-Mfia *nom.1.10*
London/-o-b-i-o-m-f-i-a/
Obio-Nyin *nom.1*
Nigeria/-o-b-i-o-n-y-i-n/

objective *nom.1*
objective/-o-b-j-ec-t-i-v-e/
obod *nom.1*
mountain/-o-b-o-d/
obong *nom.1*
chief/-o-b-o-n-g/
Obong *nom.1*
Lord/-o-b-o-n-g/
obong-osop *exc*
godspeed/-o-b-o-n-g-o-s-o-p/
obongawan obongawan *nom.1.2*
chairwoman/-o-b-o-n-g-a-w-a-n/
obongowo obongowo *nom.1.2*
chairman/-o-b-o-n-g-o-w-o/
obongowo obongowo *nom.1.2*
chairperson/-o-b-o-n-g-o-w-o/
obot-abasi *nom.1*
temple/-o-b-o-t-a-b-a-s-i/
obuk *nom.1*
flesh/-o-b-u-k/
odd *adj*
odd/-o-d-d/
ódóró-itong *nom.1*
avarice/ó-dó-ró-i-t-o-n-g/
odot *act*
deserve/-o-d-o-t/
odudu *nom.1*
permission/-o-d-u-d-u/
odudu *nom.1*
power/-o-d-u-d-u/
odudu *nom.1*
strength/-o-d-u-d-u/
odudu *adj*
energetic/-o-d-u-d-u/
odudu *sci*
charge/-o-d-u-d-u/
odudu *adj*
powerful/-o-d-u-d-u/

oduma *nom.1*
storm/-o-d-u-m-a/
offiong *nom.1*
moon/-o-f-f-i-o-n-g/
offiong *nom.1*
sun/-o-f-f-i-o-n-g/
offiong duop *nom.1*
October/-o-f-f-i-o-n-g -d-u-o-p/
offiong duopeba *nom.1*
December/-o-f-f-i-o-n-g -d-u-o-p-e-b-a/
offiong duopkiet *nom.1*
November/-o-f-f-i-o-n-g-d-u-o-p-k-i-e-t/
Offiong Iba *nom.1*
February/-o-f-f-i-o-n-g -i-b-a/
Offiong Inang *nom.1*
April/-o-f-f-i-o-n-g -i-n-a-n-g/
offiong ita *act*
march/-o-f-f-i-o-n-g -i-t-a/
Offiong Ita *nom.1*
March/-o-f-f-i-o-n-g -i-t-a/
offiong itia-ita offiong itia- ita *nom.1.2*
August/-o-f-f-i-o-n-g -i-t-i-a-i-t-a/
Offiong Itiaba *nom.1*
July/-o-f-f-i-o-n-g -i-t-i-a-b-a/
offiong itiokeed *nom.1*
June/-o-f-f-i-o-n-g -i-t-i-o-k-e-e-d/
Offiong Kiet *nom.1*
January/-o-f-f-i-o-n-g k-i-e-t/
offiong usukkiet offiong usukkiet *nom.1.2*
September/-o-f-f-i-o-n-g -u-s-u-k-k-i-e-t/
ofon *adj*
best/-o-f-o-n/
ọfọn *adv*
well/ọ-fọ-n/
ofong ofong *nom.1.2*
clothes/-o-f-o-n-g/

ofong ofong *nom.1.2*
dress/-o-f-o-n-g/
ofong *nom.1*
attire/-o-f-o-n-g/
ofong idak idem *nom.1*
underwear/-o-f-o-n-g -i-d-a-k -i-d-e-m/
ofong idem *nom.1*
skirt/-o-f-o-n-g -i-d-e-m/
ofong inua ofong inua *nom.1.2*
handkerchief/-o-f-o-n-g -i-n-u-a/
ofong ukwohore idem ofong ukohore idem *nom.1.2*
towel/-o-f-o-n-g -u-k-w-o-h-o-r-e -i-d-e-m/
ofong ukot *nom.1*
shorts/-o-f-o-n-g -u-k-o-t/
ofong ukot ofong ukot *nom.1.2*
trouscr/-o-f-o-n-g -u-k-o-t/
ofong usung ofong usung *nom.1.2*
curtain/-o-f-o-n-g -u-s-u-n-g/
ofuri ofuri *nom.1.2*
comprehension/-o-f-u-r-i/
oganesson *nom.1*
Oganesson/-o-g-a-n-e-s-s-o-n/
okay *exc*
okay/-o-k-a-y/
ókó-iyak *nom.1*
fisherman/ó-kó-i-y-a-k/
okoneyo *nom.1*
night/-o-k-o-n-e-y-o/
okoti *nom.1*
bean/-o-k-o-t-i/
okpo *nom.1*
gallon/-o-k-p-o/
okpo *nom.1*
skeleton/-o-k-p-o/
okpokoro okpokoro *nom.1.2*
table/-o-k-p-o-k-o-r-o/

okposong *adj*
chronic/-o-k-p-o-s-o-n-g/
okposong *adj*
giant/-o-k-p-o-s-o-n-g/
okposong *adj*
great/-o-k-p-o-s-o-n-g/
okuk *nom.1*
coin/-o-k-u-k/
okuk *nom.1*
currency/-o-k-u-k/
okuk *nom.1*
fees/-o-k-u-k/
okuk *nom.1*
cash/-o-k-u-k/
okuk *adj*
billion/-o-k-u-k/
okuk *nom.2*
money/-o-k-u-k/
okuk mbet *nom.1*
levy/-o-k-u-k -m-b-e-t/
okuk mbet *nom.1*
tax/-o-k-u-k -m-b-e-t/
okuk udongo *nom.1*
month/-o-k-u-k -u-d-o-n-g-o/
okuk-ndọ *nom.1*
dowry/-o-k-u-k-n-dọ/
ono-utom *nom.1*
employee/-o-n-o-u-t-o-m/
ono-utom *nom.1*
employer/-o-n-o-u-t-o-m/
oppose *act*
oppose/-o-p-p-o-s-e/
organ *nom.1*
organ/-o-r-g-a-n/
organizer *nom.1*
organizer/-o-r-g-a-n-i-z-e-r/
osio mbere *nom.1*
actor/-o-s-i-o -m-b-e-r-e/

Osita *din*
osita/-o-s-i-t-a/
osmium *sci*
osmium/-o-s-m-i-u-m/
osong *nom.1*
healing/-o-s-o-n-g/
osong *adj*
tough/-o-s-o-n-g/
osong *adj*
hard/-o-s-o-n-g/
osu-nsuk *nom.1*
liar/-o-s-u-n-s-u-k/
otor iwang *nom.1*
farmer/-o-t-o-r -i-w-a-n-g/
otu *nom.1*
team/-o-t-u/
otu *pre*
among/-o-t-u/
otu mme obio *adj*
international/-o-t-u -m-m-e -o-b-i-o/
owo *adj*
human/-o-w-o/
owo *pro*
someone/-o-w-o/
owo *nom.1*
human/-o-w-o/
owo *nom.2*
person/-o-w-o/
owo ekong *nom.1*
warrior/-o-w-o -e-k-o-n-g/
owo keere keed *pro*
each and everyone/-o-w-o -k-e-e-r-e -k-e-e-d/
owo obio *nom.1*
African/-o-w-o -o-b-i-o/
owo udongo *adj*
disabled/-o-w-o -u-d-o-n-g-o/

owo-ekong *nom.1*
soldier/-o-w-o-e-k-o-n-g/
owo-french *nom.1*
French/-o-w-o-f-r-e-nc-h/
owo-kiet *nom.1*
one person/-o-w-o-k-i-e-t/
owo-udongho *nom.1*
patient/-o-w-o-u-d-o-n-g-h-o/
oworo *act*
mean/-o-w-o-r-o/
oworodidie *nom.1*
meaning/-o-w-o-r-o-cam-e-cam-e-e/
owuo iso- owo *adj*
famous/-o-w-u-o -i-s-o- -o-w-o/
oxygen *sci*
oxygen/-o-x-y-g-e-n/
oyim *nom.1*
onion/-o-y-i-m/
p *pho*
p/-p/
paint *nom.1*
paint/-p-a-i-n-t/
palladium *sci*
palladium/-p-a-l-l-a-ca-me-u-m/
parched *adj*
parched/-p-a-r-c-h-e-d/
park *nom.1*
park/-p-a-r-k/
parliamentarian *nom.1*
parliamentarian/-p-a-r-l-i-a-m-e-n-t-a-r-i-a-n/
partner *nom.1*
partner/-p-a-r-t-n-e-r/
party *nom.1*
party/-p-a-r-t-y/
pedophile *nom.1*
pedophile/-p-e-d-o-p-h-i-l-e/

penguin *nom.1*
  penguin/-p-e-n-g-u-i-n/
peppermint *nom.1*
  peppermint/-p-e-p-p-e-r-m-i-n-t/
perfume *nom.1*
  perfume/-p-e-r-f-u-m-e/
peter *din.1*
  peter/-p-e-t-e-r/
petition *nom.1*
  petition/-p-e-t-i-t-i-o-n/
philosopher *nom.1*
  philosopher/-p-h-i-l-o-s-o-p-h-e-r/
phosphorus *sci*
  phosphorus/-p-h-o-s-p-h-o-r-u-s/
physics *nom.1*
  physics/-p-h-y-s-ic-s/
piano *nom.1*
  piano/-p-i-a-n-o/
piggy-bank *nom.1*
  piggy bank/-p-i-g-g-y-b-a-n-k/
pijin *nom.1*
  Pidgin English/-p-i-j-i-n/
pinable *nom.1*
  pineapple/-p-i-n-a-b-l-e/
pink *adj*
  pink/-p-i-n-k/
pito *nom.1*
  pito/-p-i-t-o/
platinum *sci*
  platinum/-p-l-a-t-i-n-u-m/
pledge *nom.1*
  pledge/-p-l-e-d-g-e/
plutonium *sci*
  plutonium/-p-l-u-t-o-n-i-u-m/
pocket-money *nom.1*
  pocket money/-p-oc-k-e-t-m-o-n-e-y/
poem *nom.1*
  poem/-p-o-e-m/

politicalparty *nom.1*
  political party/-p-o-l-i-t-ic-a-l-p-a-r-t-y/
polonium *sci*
  polonium/-p-o-l-o-n-i-u-m/
porcupine *nom.1*
  porcupine/-p-o-rc-u-p-i-n-e/
possessive *nom.1*
  possessive/-p-o-s-s-e-s-s-i-v-e/
potassium *sci*
  potassium/-p-o-t-a-s-s-i-u-m/
powder-keg *nom.1*
  powder-keg/-p-o-w-d-e-r-k-e-g/
ppe *nom.1*
  personal protective equipment/-p-p-e/
praseodymium *sci*
  praseodymium/-p-r-a-s-e-o-d-y-m-i-u-m/
prawn *nom.1*
  prawn/-p-r-a-w-n/
prejudice *nom.1*
  prejudice/-p-r-e-j-u-cam-ec-e/
print *act*
  print/-p-r-i-n-t/
printer *nom.1*
  printer/-p-r-i-n-t-e-r/
producer *nom.1*
  producer/-p-r-o-d-uc-e-r/
promethium *sci*
  promethium/-p-r-o-m-e-t-h-i-u-m/
pronoun *nom.1*
  pronoun/-p-r-o-n-o-u-n/
prop *act*
  prop/-p-r-o-p/
protactinium *sci*
  protactinium/-p-r-o-t-ac-t-i-n-i-u-m/
proton *sci*
  proton/-p-r-o-t-o-n/

punjabi *nom.1*
Panjabi/-p-u-n-j-a-b-i/
puppet *nom.1*
puppet/-p-u-p-p-e-t/
purple *adj*
purple/-p-u-r-p-l-e/
puzzle *nom.1*
puzzle/-p-u-z-z-l-e/
q *pho*
q/-q/
quotation *nom.1*
quotation/-q-u-o-t-a-t-i-o-n/
r *pho*
r/-r/
radiation *sci*
radiation/-r-a-came-a-t-i-o-n/
radium *sci*
radium/-r-a-ca-me-u-m/
radon *sci*
radon/-r-a-d-o-n/
rainbow *nom.1*
rainbow/-r-a-i-n-b-o-w/
raisin *nom.1*
raisin/-r-a-i-s-i-n/
rand *nom.1*
rand/-r-a-n-d/
razor *nom.1*
razor/-r-a-z-o-r/
rebel *nom.1*
rebel/-r-e-b-e-l/
rebellion *nom.1*
rebellion/-r-e-b-e-l-l-i-o-n/
record *act*
record/-r-ec-o-r-d/
rectangle *nom.1*
rectangle/-r-ec-t-a-n-g-l-e/
reliable *adj*
reliable/-r-e-l-i-a-b-l-e/

remote-control *nom.1*
remote control/-r-e-m-o-t-e-c-o-n-t-r-o-l/
return *act*
return/-r-e-t-u-r-n/
rhenium *sci*
rhenium/-r-h-e-n-i-u-m/
rhodium *sci*
rhodium/-r-h-o-ca-me-u-m/
rocket *nom.1*
rocket/-r-oc-k-e-t/
roentgenium *sci*
roentgenium/-r-o-e-n-t-g-e-n-i-u-m/
Romans *nom.1*
Romans/r-o-m-a-n-s/
rubidium *sci*
rubidium/-r-u-b-i-ca-me-u-m/
ruthenium *sci*
ruthenium/-r-u-t-h-e-n-i-u-m/
rutherfordium *sci*
rutherfordium/-r-u-t-h-e-r-f-o-r-ca-m-e-u-m/
s *pho*
s/-s/
saak *act*
laugh/-s-a-a-k/
saap *act*
poke/-s-a-a-p/
saat *act*
dry/-s-a-a-t/
saat *adj*
dry/-s-a-a-t/
sakka *act*
explode/-s-a-k-k-a/
samarium *sci*
samarium/-s-a-m-a-r-i-u-m/
sana *nom.1*
cleanliness/-s-a-n-a/

sana *adj*
  clean/-s-a-n-a/
sang *act*
  move/-s-a-n-g/
sanga *act*
  stroll/-s-a-n-g-a/
sanitizer *nom.1*
  sanitizer/-s-a-n-i-t-i-z-e-r/
sappa *adj*
  active/-s-a-p-p-a/
sarcasm *nom.1*
  sarcasm/-s-a-rc-a-s-m/
sat *act*
  select/-s-a-t/
sauce *nom.1*
  sauce/-s-a-uc-e/
scandium *sci*
  scandium/-sc-a-n-ca-me-u-m/
science *nom.1*
  science/-sc-i-e-nc-e/
se *act*
  look/-s-e/
se *nom.1*
  spy/-s-e/
se *act*
  spy/-s-e/
se *act*
  see/-s-e/
seaborgium *sci*
  seaborgium/-s-e-a-b-o-r-g-i-u-m/
secondary school *nom.1*
  high-school/-s-ec-o-n-d-a-r-y-s-c-h-o-o-l/
sed *nom.1*
  resurrection/-s-e-d/
selenium *sci*
  selenium/-s-e-l-e-n-i-u-m/

seme *act*
  grieve/-s-e-m-e/
seme *nom.1*
  sorrow/-s-e-m-e/
sequence *nom.1*
  sequence/-s-e-q-u-e-nc-e/
sex-education *nom.1*
  sex education/-s-e-x-e-d-uc-a-t-i-o-n/
sh *pho*
  sh/-s-h/
shape *nom.1*
  structure/-s-h-a-p-e/
sheabutter *nom.1*
  sheabutter/-s-h-e-a-b-u-t-t-e-r/
Shona *nom.1*
  Shona/s-h-o-n-a/
si-isine *act*
  consist/-s-i-i-s-i-n-e/
si-isine *nom.1*
  content/-s-i-i-s-i-n-e/
sia *cjn*
  because/-s-i-a/
siaak *act*
  mention/-s-i-a-a-k/
siaak *act*
  split/-s-i-a-a-k/
siaak *act*
  divide/-s-i-a-a-k/
siaak *nom.1*
  explanation/-s-i-a-a-k/
sian *act*
  announce/-s-i-a-n/
siere *nom.1*
  dawn/-s-i-e-r-e/
sign *nom.1*
  sign/-s-i-g-n/
siime *adj*
  foolish/-s-i-i-m-e/

siit *act*
  block/-s-i-i-t/
sik *act*
  adjust/-s-i-k/
sik-da *exc*
  excuse me/-s-i-k-d-a/
silicon *sci*
  silicon/-s-i-l-ic-o-n/
silver *nom.1*
  silver/-s-i-l-v-e-r/
silver *sci*
  silver/-s-i-l-v-e-r/
sim *act*
  reach/-s-i-m/
sim-à-akpatere-ntor *act*
  reach a final milestone/-s-i-m-à-a-k-p-a-t-e-r-e-n-t-o-r/
sin *act*
  fill/-s-i-n/
sin *act*
  score/-s-i-n/
sin *act*
  put/-s-i-n/
sin *act*
  supplant/-s-i-n/
sin *nom.1*
  inclusion/-s-i-n/
sin-ebeeñe *nom.1*
  application/-s-i-n-e-b-e-eñ-e/
sine *act*
  wear/-s-i-n-e/
sio *act*
  deduct/-s-i-o/
sio *act*
  withdraw/-s-i-o/
sio *act*
  discard/-s-i-o/

sio *act*
  drain/-s-i-o/
sio *act*
  nominate/-s-i-o/
sio *act*
  remove/-s-i-o/
sio *act*
  subtract/-s-i-o/
sio *act*
  reduce/-s-i-o/
sio ke utom *nom.1*
  sack/-s-i-o-k-e-u-t-o-m/
sio-nyam *act*
  retail/-s-i-o-n-y-a-m/
sioop *act*
  sigh/-s-i-o-o-p/
smoking-pipe *nom.1*
  pipe/-s-m-o-k-i-n-g-p-i-p-e/
sodium *sci*
  sodium/-s-o-ca-me-u-m/
sok *act*
  scrub/-s-o-k/
sokoro *nom.1*
  orange/-s-o-k-o-r-o/
sokoro *adj*
  orange/-s-o-k-o-r-o/
somewhere *pro*
  somewhere/-s-o-m-e-w-h-e-r-e/
song *nom.1*
  vitality/-s-o-n-g/
song *adj*
  strong/-s-o-n-g/
song-odudu *adj*
  serious/-s-o-n-g-o-d-u-d-u/
soop *adj*
  quick/-s-o-o-p/
sop *act*
  disappear/-s-o-p/

sop *act*
hurry/-s-o-p/
sop *adv*
quickly/-s-o-p/
sosongo *nom.1*
thanks/-s-o-s-o-n-g-o/
sosongoh *exc*
thanks/-s-o-s-o-n-g-o-h/
Sotho *nom.1*
Sotho/s-o-t-h-o/
source *nom.1*
source/-s-o-u-rc-e/
south *nom.1*
south/-s-o-u-t-h/
South-Sudan *nom.1*
South Sudan/s-o-u-t-h-s-u-d-a-n/
southern *adj*
southern/-s-o-u-t-h-e-r-n/
soyo *act*
descend/-s-o-y-o/
spinning top *nom.1*
spinning top/-s-p-i-n-n-i-n-g -t-o-p/
sport *nom.1*
sport/-s-p-o-r-t/
spring *nom.1*
spring/-s-p-r-i-n-g/
steer *act*
steer/-s-t-e-e-r/
step *act*
step/-s-t-e-p/
stop *nom.1*
information/-s-t-o-p/
stripe *nom.1*
stripe/-s-t-r-i-p-e/
strontium *sci*
strontium/-s-t-r-o-n-t-i-u-m/
sua *act*
hate/-s-u-a/

sua *nom.1*
hatred/-s-u-a/
suaan *act*
scatter/-s-u-a-a-n/
suagha *adj*
dishevelled/-s-u-a-g-h-a/
suene *act*
disgrace/-s-u-e-n-e/
suene *nom.1*
humiliation/-s-u-e-n-e/
sugho *act*
lie/-s-u-g-h-o/
suk *act*
see ... off/-s-u-k/
suka *nom.1*
sugar/-s-u-k-a/
sukho idem *act*
soothe/-s-u-k-h-o -i-d-e-m/
sulfur *sci*
sulfur/-s-u-l-f-u-r/
summarization *nom.1*
summarisation/-s-u-m-m-a-r-i-z-a-t-i-o-n/
sung *nom.1*
safety/-s-u-n-g/
sung *adj*
gentle/-s-u-n-g/
sung *adj*
safe/-s-u-n-g/
sung *nom.1*
soothing/-s-u-n-g/
sung-sung *adj*
slow/-s-u-n-g-s-u-n-g/
suob suop *nom.1.2*
soap/-s-u-o-b/
Suomi *nom.1*
Finnish/s-u-o-m-i/

suóp *adj*
fast/-s-uó-p/
suóp *act*
fast/-s-uó-p/
suop *nom.1*
rap/-s-u-o-p/
suóp *nom.1*
speed/-s-uó-p/
sushi *nom.1*
sushi/-s-u-s-h-i/
suugho *adj*
comfortable/-s-u-u-g-h-o/
swan *act*
spread/-s-w-a-n/
Swati *nom.1*
Swati/s-w-a-t-i/
t *pho*
t/-t/
ta *act*
chew/-t-a/
ta-mkpo *act*
masticate/-t-a-m-k-p-o/
taagha *act*
tattered/-t-a-a-g-h-a/
tad *act*
loosen/-t-a-d/
Takoradi *nom.1*
Takoradi/t-a-k-o-r-a-came/
tama *act*
jump/-t-a-m-a/
tang *act*
speak/-t-a-n-g/
tang *act*
braid/-t-a-n-g/
tantalum *sci*
tantalum/-t-a-n-t-a-l-u-m/
tebe *act*
stink/-t-e-b-e/

tebe *act*
smile/-t-e-b-e/
technetium *sci*
technetium/-t-ec-h-n-e-t-i-u-m/
technology *nom.1*
technology/-t-ec-h-n-o-l-o-g-y/
tee *act*
remember/-t-e-e/
teghe *act*
decrease/-t-e-g-h-e/
tehe *act*
calm/-t-e-h-e/
telescope *nom.1*
telescope/-t-e-l-e-sc-o-p-e/
tellurium *sci*
tellurium/-t-e-l-l-u-r-i-u-m/
tem *act*
cook/-t-e-m/
tém *act*
boil/-té-m/
temme *act*
explain/-t-e-m-m-e/
terbium *sci*
terbium/-t-e-r-b-i-u-m/
thallium *sci*
thallium/-t-h-a-l-l-i-u-m/
therefore *adv*
therefore/-t-h-e-r-e-f-o-r-e/
thorium *sci*
thorium/-t-h-o-r-i-u-m/
threat *nom.1*
threat/-t-h-r-e-a-t/
thulium *sci*
thulium/-t-h-u-l-i-u-m/
thunderbolt *nom.1*
thunderbolt/-t-h-u-n-d-e-r-b-o-l-t/
ti *nom.1*
tea/-t-i/

tiaara *adv*
 often/-t-i-a-a-r-a/
tibe *act*
 happen/-t-i-b-e/
tibe *act*
 sprout/-t-i-b-e/
tie *act*
 sit/-t-i-e/
tiip *act*
 carve/-t-i-i-p/
tim *nom.1*
 bullying/-t-i-m/
tim *act*
 pound/-t-i-m/
tim *act*
 beat/-t-i-m/
timede *nom.1*
 confusion/-t-i-m-e-d-e/
timere *adj*
 chaotic/-t-i-m-e-r-e/
ting *nom.1*
 discussion/-t-i-n-g/
ting *act*
 talk/-t-i-n-g/
titanium *sci*
 titanium/-t-i-t-a-n-i-u-m/
tithe *nom.1*
 tithe/-t-i-t-h-e/
tiyo *nom.1*
 memorization/-t-i-y-o/
tó *act*
 drop/-tó/
toffee *nom.1*
 toffee/-t-o-f-f-e-e/
toh *act*
 sow/-t-o-h/
toh *nom.1*
 plant/-t-o-h/

toh *act*
 plant/-t-o-h/
toi *act*
 wake/-t-o-i/
tọi *act*
 awaken/-tọ-i/
tok *act*
 urinate/-t-o-k/
tok *act*
 thicken/-t-o-k/
tom *nom.1*
 kiss/-t-o-m/
tomato *nom.1*
 tomato/-t-o-m-a-t-o/
tongho *act*
 begin/-t-o-n-g-h-o/
tongho *nom.1*
 beginner/-t-o-n-g-h-o/
tongo *adj*
 cloudy/-t-o-n-g-o/
top *act*
 throw/-t-o-p/
top *act*
 shoot/-t-o-p/
top-duook *act*
 throw away/-t-o-p-d-u-o-o-k/
toro *act*
 defecate/-t-o-r-o/
toro *act*
 commend/-t-o-r-o/
tosin *adj*
 thousands/-t-o-s-i-n/
tot *act*
 increase/-t-o-t/
tour *nom.1*
 tour/-t-o-u-r/
toyo *act*
 remind/-t-o-y-o/

traffic *nom.1*
  traffic/-t-r-a-f-f-ic/
train *nom.1*
  train/-t-r-a-i-n/
transportation *nom.1*
  transportation/-t-r-a-n-s-p-o-r-t-a-t-i-o-n/
trillion *adj*
  trillion/-t-r-i-l-l-i-o-n/
truck *nom.1*
  truck/-t-r-uc-k/
tua *act*
  cry/-t-u-a/
tuagha *act*
  bump into/-t-u-a-g-h-a/
tuagha *pro*
  having/-t-u-a-g-h-a/
tuho *act*
  start/-t-u-h-o/
tuko *act*
  torment/-t-u-k-o/
tuko *act*
  manage/-t-u-k-o/
tuko *act*
  punish/-t-u-k-o/
tum *act*
  peck/-t-u-m/
tum *act*
  kiss/-t-u-m/
tumbuka *nom.1*
  Tumbuka/-t-u-m-b-u-k-a/
tungsten *sci*
  tungsten/-t-u-n-g-s-t-e-n/
turkey *nom.1*
  turkey/-t-u-r-k-e-y/
tutu *adv*
  very/-t-u-t-u/

tuuk *act*
  touch/-t-u-u-k/
tweet *act*
  tweet/-t-w-e-e-t/
twelfth *adj*
  twelfth/-t-w-e-l-f-t-h/
u *pho*
  u/-u/
ubaak *det*
  some/-u-b-a-a-k/
ubaha-usen *nom.1*
  morning/-u-b-a-h-a-u-s-e-n/
ubak *nom.1*
  half/-u-b-a-k/
ubak-ini *adv*
  sometimes/-u-b-a-k-i-n-i/
ubanga *nom.1*
  diversity/-u-b-a-n-g-a/
ubed ubed *nom.1.2*
  room/-u-b-e-d/
ubehe ubehe *nom.1.2*
  concern/-u-b-e-h-e/
ubiad-okuk *nom.1*
  expense/-u-b-i-a-d-o-k-u-k/
ubiak *nom.1*
  pain/-u-b-i-a-k/
ubiak ibuot *nom.1*
  headache/-u-b-i-a-k-i-b-u-o-t/
ubiak-idib *nom.1*
  stomach-ache/-u-b-i-a-k-i-came-b/
ubiak-usen *nom.1*
  wee hours/-u-b-i-a-k-u-s-e-n/
ubiong utom *adj*
  responsible/-u-b-i-o-n-g-u-t-o-m/
ubod mkpo *adj*
  creative/-u-b-o-d-m-k-p-o/
uboho *nom.1*
  freedom/-u-b-o-h-o/

uboho *adj*
free/-u-b-o-h-o/
ubok *nom.1*
arm/-u-b-o-k/
ubok *nom.1*
hand/-u-b-o-k/
ubók utom *nom.1*
responsibility/-u-bó-k -u-t-o-m/
ubók-akuk *nom.1*
saving/-u-bó-k-a-k-u-k/
ubom *nom.1*
boat/-u-b-o-m/
ubom mmong *nom.1*
canoe/-u-b-o-m -m-m-o-n-g/
ubom nsungikang *nom.1*
ship/-u-b-o-m -n-s-u-n-g-i-k-a-n-g/
ubom onyong ubom onyong *nom.1.2*
aeroplane/-u-b-o-m -o-n-y-o-n-g/
ubom onyong *nom.1*
helicopter/-u-b-o-m -o-n-y-o-n-g/
ubom-eyong *nom.1*
plane/-u-b-o-m-e-y-o-n-g/
udebe *adj*
soaked/-u-d-e-b-e/
udebep *nom.1*
shopping/-u-d-e-b-e-p/
udi *nom.1*
grave/-u-came/
udia udia *nom.1.2*
food/-u-came-a/
udia mbebri-eyo *act*
dine/-u-ca-m-e-a -m-b-e-b-r-i-e-y-o/
udia usiere udia usiere *nom.1.2*
breakfast/-u-cam-e-a -u-s-i-e-r-e/
udiana unwam *nom.1.2*
assistant/-u-came-a-n-a/
udip *nom.1*
mushroom/-u-came-p/

udit *act*
force/-u-came-t/
udit *nom.1*
force/-u-came-t/
udo-obod *nom.1*
police/-u-d-o-o-b-o-d/
udob *adj*
heavy/-u-d-o-b/
udod ayeyen udod ayeyen *nom.1.2*
great-grandchild/-u-d-o-d -a-y-e-y-e-n/
udok usung *nom.1.2*
door/-u-d-o-k/
udók *nom.1*
spade/-u-dó-k/
udok mmong *nom.1*
baptism/-u-d-o-k -m-m-o-n-g/
udom *adj*
right/-u-d-o-m/
udomo *nom.1*
test/-u-d-o-m-o/
udomo *nom.1*
exam/-u-d-o-m-o/
udong *adj*
desirable/-u-d-o-n-g/
udong *act*
stimulate/-u-d-o-n-g/
udong *act*
need/-u-d-o-n-g/
udong *nom.1*
thirst/-u-d-o-n-g/
udong *nom.1*
need/-u-d-o-n-g/
udong *nom.1*
wish/-u-d-o-n-g/
udong *nom.1*
passion/-u-d-o-n-g/
udong-ekikoi *nom.1*
nausea/-u-d-o-n-g-e-k-i-k-o-i/

udongho *nom.1*
seizure/-u-d-o-n-g-h-o/
udongo *nom.1*
sickness/-u-d-o-n-g-o/
udongo *nom.1*
disease/-u-d-o-n-g-o/
udongo udongo *nom.1.2*
virus/-u-d-o-n-g-o/
udongo *adj*
sick/-u-d-o-n-g-o/
udongo utoro *nom.1*
diarrhoea/-u-d-o-n-g-o -u-t-o-r-o/
udop *nom.1*
weight/-u-d-o-p/
udot-inua *nom.1*
lipbalm/-u-d-o-t-i-n-u-a/
udua *nom.1*
market/-u-d-u-a/
udua *nom.1*
week/-u-d-u-a/
udua *nom.1*
commerce/-u-d-u-a/
udua ufok *nom.1*
storehouse/-u-d-u-a -u-f-o-k/
udua ufok udua ufok *nom.1.2*
store/-u-d-u-a -u-f-o-k/
udua-mkpo *nom.1*
price/-u-d-u-a-m-k-p-o/
udud *act*
strengthen/-u-d-u-d/
uduk *nom.1*
rope/-u-d-u-k/
uduk *act*
gain/-u-d-u-k/
uduk *nom.1*
profit/-u-d-u-k/
uduk *nom.1*
income/-u-d-u-k/

uduk akpó *adj*
elastic/-u-d-u-k -a-k-pó/
uduk-ikot *nom.1*
snake/-u-d-u-k-i-k-o-t/
ufa *adj*
new/-u-f-a/
ufa-aboikpa *adj*
teenage/-u-f-a-a-b-o-i-k-p-a/
ufad-mkpo *nom.1*
scissors/-u-f-a-d-m-k-p-o/
ufan *nom.1*
friendship/-u-f-a-n/
ufan ufan *nom.1.2*
friend/-u-f-a-n/
ufan owowan ufan awo-nwan *nom.1.2*
girlfriend/-u-f-a-n -o-w-o-w-a-n/
ufan awoden ufan awoden *nom.1.2*
boyfriend/-u-f-a-n -a-w-o-d-e-n/
ufang *sci*
space/-u-f-a-n-g/
ufang *act*
free/-u-f-a-n-g/
ufang *adj*
wide/-u-f-a-n-g/
ufang *nom.1*
verse/-u-f-a-n-g/
ufen *nom.1*
suffering/-u-f-e-n/
ufen *nom.1*
stress/-u-f-e-n/
ufen *act*
suffer/-u-f-e-n/
ufene *nom.1*
pet/-u-f-e-n-e/
ufia *act*
slap/-u-f-i-a/
ufia *act*
spank/-u-f-i-a/

ufiin *adj*
left/-u-f-i-i-n/
ufik *act*
smell/-u-f-i-k/
ufik *nom.1*
smell/-u-f-i-k/
ufik-ubok *act*
vote/-u-f-i-k-u-b-o-k/
ufiop *nom.1*
heat/-u-f-i-o-p/
ufiop *act*
heat/-u-f-i-o-p/
ufiop *adj*
hot/-u-f-i-o-p/
ufiop idem *nom.1*
fever/-u-f-i-o-p -i-d-e-m/
ufiop ofong ufiop ofong *nom.1.2*
blanket/-u-f-i-o-p -o-f-o-n-g/
ufod *nom.1*
centre/-u-f-o-d/
ufok ufok *nom.1.2*
house/-u-f-o-k/
ufok *nom.1*
building/-u-f-o-k/
ufok ufok *nom.1.2*
home/-u-f-o-k/
ufok emana ufok *nom.1.2*
family/-u-f-o-k -e-m-a-n-a/
ufok abasi *nom.1*
church/-u-f-o-k -a-b-a-s-i/
ufok ibok *nom.1*
hospital/-u-f-o-k -i-b-o-k/
ufok inuen *act*
roost/-u-f-o-k -i-n-u-e-n/
ufok mkpakop *nom.1*
cell/-u-f-o-k -m-k-p-a-k-o-p/
ufok mkpo *nom.1*
tent/-u-f-o-k -m-k-p-o/

ufok nde idap ufok nde idap *nom.1.2*
bedroom/-u-f-o-k -n-d-e -i-d-a-p/
ufok nwed ntok eyen *nom.1*
primary school/-u-f-o-k -n-w-e-d -n-t-o-k -e-y-e-n/
ufok ubon-mkpo *nom.1*
warehouse/-u-f-o-k -u-b-o-n-m-k-p-o/
ufok urua ufok udua *nom.1.2*
shop/-u-f-o-k -u-r-u-a/
ufok uka ifuo *nom.2*
toilet/-u-f-o-k -u-k-a -i-f-u-o/
ufok ukpep mkpo *nom.1*
classroom/-u-f-o-k -u-k-p-e-p -m-k-p-o/
ufok utom *nom.1*
office/-u-f-o-k -u-t-o-m/
ufok uyere idem ufok uyere idem *nom.1.2*
shower/-u-f-o-k -u-y-e-r-e -i-d-e-m/
ufok-isong *nom.1*
bungalow/-u-f-o-k-i-s-o-n-g/
ufọk-motor *nom.1*
garage/-u-fọ-k-m-o-t-o-r/
ufok-nwed *nom.1*
college/-u-f-o-k-n-w-e-d/
ufok-nwed *nom.1*
education/-u-f-o-k-n-w-e-d/
ufok-nwed *nom.1*
school/-u-f-o-k-n-w-e-d/
ufok-obong *nom.1*
palace/-u-f-o-k-o-b-o-n-g/
ufon *nom.1*
advantage/-u-f-o-n/
uforo *nom.1*
success/-u-f-o-r-o/
uforo *nom.1*
progress/-u-f-o-r-o/
ufrafịrai-iyak *nom.1*
fried-fish/-u-f-r-a-fị-r-a-i-i-y-a-k/

ufuk-eyo *nom.1*
umbrella/-u-f-u-k-e-y-o/
ufuot *nom.1*
middle/-u-f-u-o-t/
ukara *nom.1*
rule/-u-k-a-r-a/
ukelele *nom.1*
ukelele/-u-k-e-l-e-l-e/
ukem *adj*
equal/-u-k-e-m/
ukem *adj*
same/-u-k-e-m/
ukeme *nom.1*
courage/-u-k-e-m-e/
ukeme *nom.1*
effort/-u-k-e-m-e/
ukeme *adj*
capable/-u-k-e-m-e/
ukeme *adj*
able/-u-k-e-m-e/
ukeme *nom.1*
competence/-u-k-e-m-e/
ukut iso ukid iso *nom.1.2*
mirror/-u-k-u-t -i-s-o/
uko *adj*
brave/-u-k-o/
uko *adj*
bold/-u-k-o/
uko *adj*
arrogant/-u-k-o/
uko *adj*
courageous/-u-k-o/
uko *act*
command/-u-k-o/
uko *nom.1*
command/-u-k-o/
uko uko *nom.1.2*
arrogance/-u-k-o/

uko *nom.1*
liability/-u-k-o/
ukod ukod *nom.1.2*
beer/-u-k-o-d/
ukom *nom.1*
plantain/-u-k-o-m/
ukot *nom.1*
leg/-u-k-o-t/
ukot *nom.1*
toe/-u-k-o-t/
ukot-nsung *nom.1*
palmwine/-u-k-o-t-n-s-u-n-g/
ukpa *nom.1*
quantity/-u-k-p-a/
ukpeme *act*
guard/-u-k-p-e-m-e/
ukpeme *nom.1*
protection/-u-k-p-e-m-e/
ukpep *nom.1*
learning/-u-k-p-e-p/
ukpep mkpo *nom.1*
lesson/-u-k-p-e-p -m-k-p-o/
ukpohore *nom.2*
key/-u-k-p-o-h-o-r-e/
ukpong *nom.1*
spirit/-u-k-p-o-n-g/
ukpong *nom.1*
soul/-u-k-p-o-n-g/
ukpono *act*
dignify/-u-k-p-o-n-o/
ukpuhore *act*
change/-u-k-p-u-h-o-r-e/
ukuk udongoh *nom.1*
nurse/-u-k-u-k -u-d-o-n-g-o-h/
ukung *act*
fuck/-u-k-u-n-g/
ukup *nom.1*
lid/-u-k-u-p/

ukwak *nom.1*
nail/-u-k-w-a-k/
ukwak *sci*
iron/-u-k-w-a-k/
ukwo-edim *nom.1*
rainy season/-u-k-w-o-e-ca-m-e-m/
ukwok ukod ukwok ukod *nom.1.2*
carpet/-u-k-w-o-k -u-k-o-d/
uma *nom.1*
miser/-u-m-a/
uma *nom.1*
mister/-u-m-a/
uma *adj*
miserly/-u-m-a/
umiang *adj*
several/-u-m-i-a-n-g/
umiang *adv*
very much/-u-m-i-a-n-g/
umiang-owo *nom.1*
crowd/-u-m-i-a-n-g-o-w-o/
umono-eyen *nom.1*
lens/-u-m-o-n-o-e-y-e-n/
una *nom.1*
scarcity/-u-n-a/
una utom *adj*
unemployed/-u-n-a -u-t-o-m/
una-ukpono *act*
dishonor/-u-n-a-u-k-p-o-n-o/
unadot *nom.1*
universe/-u-n-a-d-o-t/
unam *nom.1*
pork/-u-n-a-m/
unam *nom.1*
meat/-u-n-a-m/
unam unam *nom.1.2*
animal/-u-n-a-m/
unan *act*
injure/-u-n-a-n/

undesirable *adj*
undesirable/-u-n-d-e-s-i-r-a-b-l-e/
Uneghe *nom.1*
Igbo/u-n-e-g-h-e/
unek *act*
dance/-u-n-e-k/
unek *nom.1*
ballet/-u-n-e-k/
unen unen *nom.1.2*
chicken/-u-n-e-n/
unen *nom.1*
liberty/-u-n-e-n/
unen *nom.1*
hen/-u-n-e-n/
unen *nom.1*
fowl/-u-n-e-n/
unen abeke *nom.1*
duck/-u-n-e-n -a-b-e-k-e/
unen abeke *nom.1*
guinea-fowl/-u-n-e-n -a-b-e-k-e/
ungrateful *adj*
ungrateful/-u-n-g-r-a-t-e-f-u-l/
unie *nom.1*
owner/-u-n-i-e/
unie-eyen *nom.1*
parents/-u-n-i-e-e-y-e-n/
unie-obio *nom.1*
citizen/-u-n-i-e-o-b-i-o/
unie-ufok *nom.1*
landlord/-u-n-i-e-u-f-o-k/
unnuen *nom.1*
syringe/-u-n-n-u-e-n/
unor ibok *act*
vaccinate/-u-n-o-r -i-b-o-k/
unuen-ye-unuen *nom.1*
pins and needles/-u-n-u-e-n-y-e-u-n-u-e-n/

ununtrium *sci*
ununtrium/-u-n-u-n-t-r-i-u-m/
wam unwam *nom.1.2*
help/-w-a-m/
unwam *act*
help/-u-n-w-a-m/
urak-ayaebot *nom.1*
grape/-u-r-a-k-a-y-a-e-b-o-t/
uranium *sci*
uranium/-u-r-a-n-i-u-m/
USA *nom.1*
USA/usa/
usan udia usan *nom.1.2*
plate/-u-s-a-n -u-came-a/
useme *nom.1*
fool/-u-s-e-m-e/
useme *nom.1*
dimwit/-u-s-e-m-e/
usen *nom.1*
day/-u-s-e-n/
usen *adv*
daily/-u-s-e-n/
usen inang ke udua *nom.1*
Thursday/-u-s-e-n -i-n-a-n-g -k-e -u-d-u-a/
usen-emana *nom.1*
birthday/-u-s-e-n-e-m-a-n-a/
usin usin *nom.1.2*
bonus/-u-s-i-n/
usin-eyen *nom.1*
envy/-u-s-i-n-e-y-e-n/
usio-mbire *adj*
entertaining/-u-s-i-o-m-b-i-r-e/
uso *nom.1*
skill/-u-s-o/
usok-mkpo *nom.1*
eraser/-u-s-o-k-m-k-p-o/

usong *nom.1*
street/-u-s-o-n-g/
usong-eyen *nom.1*
insults/-u-s-o-n-g-e-y-e-n/
usoro *nom.1*
festival/-u-s-o-r-o/
usoro-mkpa *nom.1*
funeral/-u-s-o-r-o-m-k-p-a/
usua *nom.1*
enemy/-u-s-u-a/
usuk-usuk *adj*
careful/-u-s-u-k-u-s-u-k/
usuk-usuk *nom.1*
carefulness/-u-s-u-k-u-s-u-k/
usukkiet *adj*
nine/-u-s-u-k-k-i-e-t/
usuku ibuot *adj*
loyal/-u-s-u-k-u -i-b-u-o-t/
usung *nom.1*
road/-u-s-u-n-g/
usung *nom.1*
highway/-u-s-u-n-g/
usung *nom.1*
way/-u-s-u-n-g/
usung afum *nom.1*
window/-u-s-u-n-g -a-f-u-m/
usung isang usung isang *nom.1.2*
journey/-u-s-u-n-g -i-s-a-n-g/
usung-edinam *nom.1*
technique/-u-s-u-n-g-e-ca-m-e-n-a-m/
usung-eyen *act*
dishonour/-u-s-u-n-g-e-y-e-n/
utede *nom.1*
vulture/-u-t-e-d-e/
utid-udia *nom.1*
fasting/-u-t-i-d-u-came-a/
utin *adj*
sunny/-u-t-i-n/

uto *nom.1*
story/-u-t-o/
uto-eyen *nom.1*
malaria/-u-t-o-e-y-e-n/
utom *nom.1*
duty/-u-t-o-m/
utom *nom.1*
job/-u-t-o-m/
utom *act*
work/-u-t-o-m/
utom utom *nom.1.2*
work/-u-t-o-m/
utom eto utom eto *nom.1.2*
carpentry/-u-t-o-m -e-t-o/
utong *nom.1*
ear/-u-t-o-n-g/
utor *nom.1*
type/-u-t-o-r/
utor *act*
type/-u-t-o-r/
utuk *act*
cheat/-u-t-u-k/
utum-kama *act*
value/-u-t-u-m-k-a-m-a/
utung *nom.1*
worm/-u-t-u-n-g/
uwak *adj*
bountiful/-u-w-a-k/
uwak *adj*
abundant/-u-w-a-k/
uwak *nom.1*
lot/-u-w-a-k/
uwak *adv*
more/-u-w-a-k/
uwak *adv*
too much/-u-w-a-k/
uwak *adj*
plentiful/-u-w-a-k/

uwak *adj*
how much/-u-w-a-k/
uwak *adj*
many/-u-w-a-k/
uwana *nom.1*
light/-u-w-a-n-a/
uwana *adj*
bright/-u-w-a-n-a/
uweene *nom.1*
poverty/-u-w-e-e-n-e/
uweene *nom.1*
pauper/-u-w-e-e-n-e/
uwem *nom.1*
life/-u-w-e-m/
uweme-eyo *nom.1*
afternoon/-u-w-e-m-e-e-y-o/
uwene *nom.1*
indigent/-u-w-e-n-e/
uwoho-iyiip *act*
bleed/-u-w-o-h-o-i-y-i-i-p/
uwoho-iyiip *nom.1*
bleeding/-u-w-o-h-o-i-y-i-i-p/
uwud mkpó *nom.1*
campaign/-u-w-u-d -m-k-pó/
uwud-mkpo uwud mkpo *nom.1.2*
example/-u-w-u-d-m-k-p-o/
uwud-mkpo *nom.1*
representative/-u-w-u-d-m-k-p-o/
uyagha *adj*
wasted/-u-y-a-g-h-a/
uyaha *act*
deplete/-u-y-a-h-a/
uyai *nom.1*
beauty/-u-y-a-i/
uyai *adj*
pretty/-u-y-a-i/
uyai mfang *nom.1*
flower/-u-y-a-i -m-f-a-n-g/

uyai mkpo *nom.1*
aesthetic/-u-y-a-i -m-k-p-o/
uyai-mkpo *nom.1*
gold/-u-y-a-i-m-k-p-o/
uyim *nom.1*
selfishness/-u-y-i-m/
uyim *nom.1*
stinginess/-u-y-i-m/
uyime *act*
approve/-u-y-i-m-e/
uyime *nom.1*
decision/-u-y-i-m-e/
uyio *act*
order/-u-y-i-o/
uyo *nom.1*
bread/-u-y-o/
uyo *nom.1*
voice/-u-y-o/
uyom *nom.1*
sound/-u-y-o-m/
uyom *nom.1*
noise/-u-y-o-m/
v *pho*
v/-v/
valiant *adj*
valiant/-v-a-l-i-a-n-t/
vanadium *sci*
vanadium/-v-a-n-a-ca-me-u-m/
venda *nom.1*
Venda/-v-e-n-d-a/
venom *nom.1*
venom/-v-e-n-o-m/
verb *nom.1*
verb/-v-e-r-b/
video *nom.1*
video/-v-i-d-e-o/
vim *nom.1*
vim/-v-i-m/

violet *adj*
violet/-v-i-o-l-e-t/
vowel *nom.1*
vowel/-v-o-w-e-l/
w *pho*
w/-w/
wa *nom.1*
sacrifice/-w-a/
waah *exc*
waah/-w-a-a-h/
waak *act*
mix/-w-a-a-k/
waak *act*
tear/-w-a-a-k/
waak *nom.1*
tear/-w-a-a-k/
wad *act*
drive/-w-a-d/
wana ndi ting *act*
insinuate/-w-a-n-a -n-came -t-i-n-g/
wara *act*
say goodbye/-w-a-r-a/
watermelon *nom.1*
watermelon/-w-a-t-e-r-m-e-l-o-n/
waya *act*
sneeze/-w-a-y-a/
web *nom.1*
web/-w-e-b/
website *nom.1*
website/-w-e-b-s-i-t-e/
weene *adj*
poor/-w-e-e-n-e/
wek *act*
breathe/-w-e-k/
west *nom.1*
west/-w-e-s-t/
wet *act*
write/-w-e-t/

wield *act*
  wield/-w-i-e-l-d/
will *nom.1*
  will/-w-i-l-l/
wọfa *nom.1*
  guava/-wọ-f-a/
wogho *act*
  swear/-w-o-g-h-o/
wok *act*
  swim/-w-o-k/
wond *nom.1*
  miss/-w-o-n-d/
woro *act*
  deflate/-w-o-r-o/
woro *act*
  exit/-w-o-r-o/
woro *act*
  log out/-w-o-r-o/
woro *act*
  flow/-w-o-r-o/
wot *act*
  kill/-w-o-t/
wuot *act*
  lend/-w-u-o-t/
wut *act*
  show/-w-u-t/
wut *act*
  desire/-w-u-t/
x *pho*
  x/-x/
xenon *sci*
  xenon/-x-e-n-o-n/
xylopia *nom.1*
  xylopia/-x-y-l-o-p-i-a/
y *pho*
  y/-y/
yaat *nom.1*
  yard/-y-a-a-t/

yaha *adv*
  as/-y-a-h-a/
yaha *act*
  rescue/-y-a-h-a/
yak *act*
  let/-y-a-k/
yak *act*
  allow/-y-a-k/
yak amana *adv*
  later/-y-a-k -a-m-a-n-a/
yama *adj*
  glossy/-y-a-m-a/
yama *act*
  shine/-y-a-m-a/
yaws *nom.1*
  yaws/-y-a-w-s/
ye *cjn*
  with/-y-e/
ye *pro*
  ye/-y-e/
ye *adv*
  and/-y-e/
yeh *act*
  shower/-y-e-h/
yene *act*
  get/-y-e-n-e/
yene *act*
  have/-y-e-n-e/
yene *act*
  recover/-y-e-n-e/
yene-a-mum-ke *act*
  have a hold on/-y-e-n-e-a-m-u-m-k-e/
yenesis *nom.1*
  Genesis/-y-e-n-e-s-i-s/
yet *act*
  wash/-y-e-t/
yet *act*
  melt/-y-e-t/

yib *act*
  steal/-y-i-b/
yiip *act*
  pinch/-y-i-i-p/
yiré *exc*
  emphasis/-y-i-ré/
yire *act*
  pursue/-y-i-r-e/
yire *act*
  persecute/-y-i-r-e/
yit *act*
  attach/-y-i-t/
yo *nom.1*
  tolerance/-y-o/
Yohn *din.1*
  john/-j-o-h-n/
yommo *adj*
  pregnant/-y-o-m-m-o/
yong *act*
  roam/-y-o-n-g/
youe *pro*
  you/-y-o-u-e/
youes *pro*
  you/-y-o-u-e-s/
yous *pro*
  you/-y-o-u-s/
ytterbium *sci*
  ytterbium/-y-t-t-e-r-b-i-u-m/
yttrium *sci*
  yttrium/-y-t-t-r-i-u-m/
yuhu *act*
  surround/-y-u-h-u/
yum *act*
  want/-y-u-m/
yum *act*
  search/-y-u-m/
yum *act*
  seek/-y-u-m/

yum *act*
  find/-y-u-m/
yumo *act*
  say/-y-u-m-o/
z *pho*
  z/-z/
Zambia *nom.1*
  Zambia/-z-a-m-b-i-a/
zambian *adj*
  Zambian/-z-a-m-b-i-a-n/
zebra *nom.1*
  zebra/-z-e-b-r-a/
Zimbabwe *nom.1*
  Zimbabwe/-z-i-m-b-a-b-w-e/
Zimbabwean *nom.1*
  Zimbabwean/-z-i-m-b-a-b-w-e-a-n/
zinc *sci*
  zinc/-z-i-nc/
zirconium *sci*
  zirconium/-z-i-rc-o-n-i-u-m/
zulu *nom.1*
  Zulu/-z-u-l-u/

Index

a (a), 16
a little (ekpri), 33
abdomen (edak edak), 30
able (ukeme), 77
abomination (idiok-mkpo), 40
about (abagha), 16
above (abogho), 16
abroad (obio mbakara), 62
abundant (uwak), 80
accept (bo), 25
accident (accident), 16
account (ibad), 39
accountability (ibad), 39
accounting (ibad ibad), 39
accounts (ibad), 38
accuse (ndod-uyo), 57
achieve (ino mkpo inam), 44
acidic (acidic), 16
act (edinam), 31
action (edinàm), 31
active (sappa), 68
activity (edinam), 31
actor (osio mbere), 64
actress (asio-mbere), 21
actual (ata), 21
add (dian), 28
address (address), 16
adequate (afon-akem), 17
adjective (adjective), 16

adjust (sik), 69
administration (ada-ibout), 16
admire (ma), 51
adoption (adoption), 16
adore (ma), 51
adult (akaba owo), 18
adultery (ina-esin), 43
advance (iso), 44
advantage (ufon), 76
adverb (adverb), 17
advertisement (advertisement), 17
advice (item), 45
aeroplane (ubom onyong ubom onyong), 74
aesthetic (uyai mkpo), 81
affair (affair), 17
affection (ima), 43
Afghanistan (Afghanistan), 17
Africa (obio idung), 62
African (african), 17
African (owo obio), 65
afternoon (uweme-eyo), 80
again (fiak), 36
age (isua), 45
age group (nka), 59
air (afim), 17
airconditioner (akeme afum akeme afum), 18
Ajoa (Ajoa), 18

Akan (akan), 18
alcohol (mmin), 55
algebra (algebra), 20
Algeria (obio), 62
alive (ndisi), 57
all (afed), 17
all (afit), 17
allergic (akum), 19
allergy (mkum), 55
alligator (afiom), 17
alligator pepper (ntuen ibok), 61
allow (yak), 82
Almighty (akwa), 19
almighty (akwa), 19
alone (ikpong), 42
aluminum (aluminum), 20
always (afed-ini), 17
Ama (Ama), 20
amen (amen), 20
America (Obio Mbakara), 62
American (obio mbakara), 62
American (obio-mfia), 62
americium (americium), 20
among (otu), 65
amount (ibad), 39
amusing (mkpo imam), 54
ancestor (mme usor usor ette ette), 35
ancient (eset), 34
ancient times (eset), 34
and (ndien), 56
and (ye), 82
angel (angel), 20
anger (iyaresit), 46
animal (unam unam), 78
anise (anise anise), 20
aniseed (aniseed), 20
ankle (itong ukot), 46

announce (sian), 68
annoying (iyaresit), 46
another (efen), 31
answer (iboro iboro), 39
answer (iboro), 39
ant (akpa-isong), 19
antelope (antelope), 20
antimony (antimony), 20
antiquity (mkpo-esed), 54
anvil (anvil), 20
any (nte kiet), 61
apple (apple), 21
application (sin-ebeeñe), 69
appreciate (ekom), 32
apprentice (akpep-utom), 19
approach (kpere), 49
approve (uyime), 81
April (Offiong Inang), 63
Arabic (Arabiya), 21
argon (argon), 21
argument (faanga), 36
arm (ubok), 74
armpit (mkpafafagha), 53
arrange (nehe), 58
arrogance (uko uko), 77
arrogant (uko), 77
arrow (idang idang), 39
arsenic (arsenic), 21
art (art), 21
artery (asip asip), 21
artist (osio mbere asip), 21
as (yaha), 82
Asia (obio idung obio idung), 62
ask (bep), 24
aspiration (idorenyin), 41
asset (iyene), 46
assist (nwam), 61
assistant (udiana unwam), 74

association (mboho), 52
astatine (astatine), 21
at (ke), 47
athlete (ngkube), 58
Atlantic (atlantic), 22
atom (atom), 22
attach (yit), 83
attire (ofong), 64
August (offiong itia-ita offiong itia-ita), 63
aunt (awowan eyeneka ete(eka)), 5, 22
auntie (ayeneka ete ayeneka ete,eka awowan), 23
Australia (australia), 22
authority (akpotiod akpotiod), 19
Autumn (autumn), 22
avarice (ódóró-itong), 63
avoid (mkpọng), 55
awaken (tọi), 72
award (eno), 34
awesome (awesome), 22
ay (e), 30
aye (aye), 22
ayoyo (ayoyo), 23
azonto (azonto), 23

b (b), 23
baby (nsek eyen nsek eyen), 60
baby (nsek eyen), 7
back (edem), 30
backlog (backlog), 23
backspace (ka edem), 47
bad (diok), 28
bag (ekpat), 33
ball (mbri ikpa mbra ikpa), 52
ballet (unek), 78
balloon (bolom-bolom), 25

Bambara (bambara), 23
banana (mboro), 52
bank (itie usin okuk), 45
baptism (udok mmong), 74
barium (barium), 23
bark (kpoi), 49
barrel (barrel), 24
basin (besin), 24
basket (akpasa), 19
basketball (basketball), 24
bat (mkpekpem), 53
battle (ekong), 33
be (ntre), 61
be big (ado-ekamba), 16
be drunk (awung-kpa), 22
be evil (nam-idiok), 56
be good (ba-afon), 23
be last (do-akpatere), 28
be lengthy (aniong), 20
be shy (kop-buut), 49
beach (beach), 24
bead (nkwa), 59
beaker (beaker), 24
bean (okoti), 64
bear (nwa ebek), 61
bear fruit (ngwim), 58
beard (ngwa ebek), 58
beat (ibit-ikwo), 39
beat (mia), 53
beat (tim), 72
beautiful (ayaiya), 22
beauty (uyai), 80
because (sia), 68
become (do), 28
bed (mkpo nna mkpo nna), 54
bedroom (ufok nde idap ufok nde idap), 76
bedstead (eto-bed), 35

bee (akuo̧k), 19
beer (ukod ukod), 77
beetle (mfem), 53
before (mbem-iso), 52
beg (beenge), 24
begin (tongho), 72
beginner (tongho), 72
beginning (editongo editongo), 31
behaviour (ido ido), 40
being (awo), 22
belief (nim), 59
believe (nim), 59
bell (nkanika), 59
beloved (edima), 31
belt (ikpa-isin), 42
Bemba (bemba), 24
bench (akpakara), 19
Benin (obio idung obio idung), 62
berkelium (berkelium), 24
beryllium (beryllium), 24
best (ofon), 63
betray (bia), 24
better (afon), 17
bible (nwéd iko àbàsi nwed iko abasi), 61
bicycle (enang ukwak), 34
big (akamba), 18
bile (bile), 25
bill (bill), 25
billion (okuk), 64
biography (mbuk-uwem mbuk-uwem), 52
bird (inuen inuen), 44
birth (emana), 33
birthday (usen-emana), 79
bismuth (bismuth), 25
black (abubit), 16
blacksmith (blacksmith), 25

blanket (ufiop ofong ufiop ofong), 76
blazing (fop), 37
bleed (uwoho-iyiip), 80
bleeding (uwoho-iyiip), 80
blessing (edidio̧ng), 31
block (siit), 69
blood (iyiip), 46
blow (fit), 37
blow (ita), 45
blue (blue), 25
boat (ubom), 74
bodice (itóng-ofong), 46
body (idem idem), 40
bohrium (bohrium), 25
boil (tém), 71
bold (uko), 77
bomb (bomb), 25
bone (akpo), 19
bonus (usin usin), 79
book (danga), 27
book (nwéd nwed), 61
boring (idob), 40
boron (boron), 25
boss (ete/eka ufok), 13, 34
both (nanga-iba), 56
bother (fino), 36
bottle (ekpeme), 33
boundary (adanga), 16
bountiful (uwak), 80
box (ekeme), 32
boy (akparawa eden), 19
boyfriend (ufan awoden ufan awoden), 75
boyfriend (ufan awoden), 12
bracket (bracket), 25
braid (tang), 71
brain (mfire), 53
brave (uko), 77

INDEX – INDEX

bread (uyo), 81
breadth (ibifik ibifik), 39
break (bom), 25
breakfast (udia usiere udia usiere), 74
breast (eba), 30
breathe (wek), 81
bribe (ngwo), 58
bribery (ngwo), 58
bridge (ebup), 30
brief (imuk), 43
bright (uwana), 80
bring (ben-di), 24
broad (kpon), 49
bromine (bromine), 25
brother (eyeneka owoden ayeneka awoden), 23
brother (eyeneka owoden), 7
brown (brown), 25
bruise (mbon unan), 52
bucket (akpo-mmong), 19
budget (nkokibout), 59
buffer (buffer), 25
build (limal), 51
building (ufok), 76
bully (fiomo), 36
bully (nfana nfana), 58
bullying (tim), 72
bump into (tuagha), 73
bungalow (ufok-isong), 76
burn (fop), 37
bus (mkpo isang), 54
business (ndubeghe), 57
busy (dukpo), 29
butter (butter), 25
butterfly (mkpofioufiop), 55
button (button), 25
buy (deb), 27
buyer (andidep), 20

by (by), 26
bye (ka-di), 47
cabbage (cabbage), 26
cadmium (cadmium), 26
caesium (caesium), 26
cake (cake), 26
calabash (iko), 41
calcium (calcium), 26
calculus (calculus), 26
calendar (nwed usen-offiong), 61
californium (californium), 26
call (kud), 50
calm (tehe), 71
camel (eniang mbiomo), 34
camera (mkpo-usio-ndise), 55
Cameroon (Cameroon), 26
camp (camp), 26
campaign (uwud mkpó), 80
Canada (canada), 26
cane (ikpa), 42
canoe (ubom mmong), 74
capable (ukeme), 77
capital (capital), 26
car (mkpo isang mkpo isang), 54
carbon (carbon), 26
card (card), 26
care (kọm), 48
careful (usuk-usuk), 79
carefulness (usuk-usuk), 79
caress (forho), 37
carpenter (akong eto akong eto), 18
carpentry (utom eto utom eto), 80
carpet (ukwok ukod ukwok ukod), 78
carrot (carrot), 26
cartoon (cartoon), 26
carve (tiip), 72
cash (okuk), 64

cassava (iwa), 46
cast (cast), 26
castle (castle), 26
cat (anwa), 20
cataract (idwo mmong), 41
catarrh (mkpoh), 55
catch (kit), 48
caterpillar (mkpo isang), 54
cedi (cedi), 26
cell (ufok mkpakop), 76
centre (ufod), 76
century (isua-ikie), 45
cerium (cerium), 26
chair (nkpo itie ifum), 41
chairman (obongowo obongowo), 63
chairperson (obongowo obongowo), 63
chairwoman (obongawan obongawan), 63
chalk (eto nwed), 35
champion (andikan), 20
change (kpoho), 49
change (ukpuhore), 77
chaotic (timere), 72
chapter (iwod-nwed), 46
character (edu), 31
characteristic (characteristic), 26
charge (odudu), 63
chariot (chariot), 26
chase (biine), 25
cheap (bak), 23
cheat (utuk), 80
cheater (ama-iban), 20
check (nwed-okuk), 61
cheese (cheese), 26
chemistry (chemistry), 26
chest (esit), 34
chew (ta), 71

Chewa (Chewa Chewa), 26
chicken (unen unen), 78
chief (obong), 63
chimpanzee (idiok), 40
chin (mfuk), 53
China (obio idung obio idung), 62
chlorine (chlorine), 26
chocolate (chocolate), 26
choose (diangare), 28
chorus (ikwo), 42
Christmas (Emana-abasi), 33
chromium (chromium), 26
chronic (okposong), 64
church (ufok abasi), 76
cilantro (cilantro), 26
circle (ikpu-ikpu), 42
citizen (unie-obio), 78
city (obio), 62
civilized (ifiok), 41
claim (nam), 56
clap (mia), 53
clarion (clarion), 26
class (itie ukpep mkpo itie ukpep mkpo), 45
classroom (ufok ukpep mkpo), 76
clean (kuhore), 50
clean (sana), 68
cleanliness (sana), 67
clear (kponno), 50
clear (ngwanga), 58
clearly (awangha), 22
click (fik), 36
climb (faap), 36
clock (nkanika nkanika), 59
close (bed), 24
clothes (ofong ofong), 63
cloud (ikpa enyong), 42
cloud (ikpa enyoung), 42

cloud computing (cloud-computing), 26
cloudy (tongo), 72
coat (coat), 26
cobalt (cobalt), 26
cockroach (mfem), 53
cocoa (cocoa), 26
coconut (isip mbakara), 44
cocoyam (ikpong), 42
coin (okuk), 64
cold (ndedeng), 56
collect (bo), 25
collection (boi), 25
college (ufok-nwed), 76
colour (eyen-mkpo), 36
colour (mme utor mme utor), 55
comb (edisat), 31
combine (dian), 28
come (di), 28
comfort (idongesit), 40
comfort (ndongesit), 57
comfortable (suugho), 71
coming (di), 28
command (uko), 77
commend (toro), 72
commerce (udua), 75
committee (mme adaha), 55
community (efak), 31
company (itie utom), 45
compensation (eno-ndongesit), 34
competence (ukeme), 77
competition (nduba), 57
compound interest (compound-interest), 26
comprehension (ofuri ofuri), 64
computer (computer akeme iko), 18
computing (computing), 27
concern (ubehe ubehe), 73
conclusion (akpatire), 19
condolences (ekom), 32
confidence (idorenyin), 41
confusion (timede), 72
congenial (congenial), 27
Congo (obio idung), 62
Congo-Brazzaville (Congo-Brazzaville), 27
conjunction (conjunction), 27
connection (mmum ndian mmum ndiàn), 56
conscience (conscience), 27
consequence (mkpo-ntipe), 55
consist (si-isine), 68
consonant (consonant), 27
constituency (constituency), 27
construct (nam), 56
contempt (ndisua), 57
content (si-isine), 68
continue (ka-iso), 47
conversation (nneme), 60
converse (neme), 58
cook (tem), 71
cool (deghe), 27
cool (fuuro), 37
coop (coop), 27
cooperation (cooperation), 27
copper (copper), 27
corner (mben), 52
cornerstone (itiat ubedmkpo), 45
corpse (akpo-owo), 19
correct (nne-nne), 60
cost (kpa), 49
Cote d'Ivoire (obio idung), 62
couch (mkpo-itie), 54
cough (ikong), 42
count (bat), 24
country (obio), 62

courage (ukeme), 77
courageous (uko), 77
court (esop), 34
cousin (ayen ayeneka ete ayen eye-neka ete(eka)), 23
cover (fuuk), 37
cow (enang), 34
cowhide (ikpa enang), 42
crab (isobo), 45
crawl (nyoon), 62
create (bod), 25
creation (bod), 25
creative (ubod mkpo), 73
creativity (creativity), 27
crime (idiok-mkpo), 40
crocodile (effiom), 32
cross (kpagha), 49
crow (kpọk), 49
crowd (umiang-owo), 78
crown (anya anya anya-anya), 21
cry (tua), 73
cube (nkwa), 59
cucumber (mfri mfri), 53
culture (ido), 40
cunning (nkara), 59
cup (kọọp), 48
cup (okop iko mmong), 42
cup (okop), 8
curiosity (itong), 46
curium (curium), 27
currency (okuk), 64
curtain (ofong usung ofong usung), 64
cushion (ekpat ofong), 33
customer (adap-mkpo), 16
cut (kpi), 49

d (d), 27

daily (usen), 79
dam (dam), 27
dance (unek), 78
dark (kim), 48
darkness (ekim), 32
darmstadtium (darmstadtium), 27
data (data), 27
date (ma), 51
daughter (ayin awowan), 23
dawn (siere), 68
day (usen), 79
dead (akpa), 18
death (mkpa), 53
debt (isung), 45
decade (isua-duop), 45
decay (biara), 24
December (offiong duopeba), 63
decision (uyime), 81
decrease (teghe), 71
deduct (sio), 69
deep (atongho), 22
deer (ebet), 30
defecate (toro), 72
defile (biad), 24
definition (mkpo-awongho), 54
deflate (woro), 82
degree (certificate), 26
delivery (ndinoh), 57
demand (ndi-yem), 56
democracy (democracy), 27
deny (kang), 47
dependable (dud ayen), 29
deplete (uyaha), 80
deposit (deposit), 27
deposit (ndikpe okuk), 57
depth (depth), 27
descend (soyo), 70

description (dokko yaha mkpo-aba), 29
descriptive (dokko yaha-aba), 29
deserve (odot), 63
desirable (udong), 74
desire (wut), 82
development (kpuho), 50
device (device), 28
devour (dia-sop), 28
dew (mmong), 55
diarrhoea (udongo utoro), 75
dictionary (nwed ikó nwed iko), 61
die (kpa), 49
different (asong), 21
difficult (asong), 21
dig (dok), 29
dignify (ukpono), 77
dignity (kpono), 50
dimwit (useme), 79
dine (udia mbebri-eyo), 74
director (ada-usung), 16
dirty (mbat), 52
disabled (owo udongo), 65
disappear (sop), 69
disappoint (biat), 24
discard (sio), 69
disciple (mme mbet), 55
discipline (kpan), 49
discussion (ting), 72
disease (udongo), 75
disgrace (suene), 70
disgusting (dienne), 28
dishevelled (suagha), 70
dishonor (una-ukpono), 78
dishonour (usung-eyen), 79
dispute (niin), 59
distance (kpaat), 49
distinguished (asanga), 21

district (efak), 31
diverse (kutor-kutor), 50
diversity (ubanga), 73
divide (siaak), 68
divine (asangasanga), 21
do (nam), 56
doctor (nam nor), 56
document (document), 28
dog (ebua), 30
doll (nsek ayen akpo), 60
dollar (dollar), 29
donkey (enang mbiomo), 34
door (udok usung), 74
doubt (niin), 59
doughnut (doughnut), 29
dove (ibiom), 39
down (isong), 45
downward (downward), 29
dowry (okuk-ndọ), 64
doze (idap), 40
drain (sio), 69
drama (drama), 29
draw (dut), 30
dream (dapa), 27
dress (ofong ofong), 64
drink (ngwong), 58, 59
drive (wad), 81
drop (tó), 72
drown (mmong aben), 55
drowsiness (idap), 40
drum (ibit), 39
drummer (amia-ibit), 20
drunkard (ngwong kpa), 59
dry (saat), 67
dubnium (dubnium), 29
duck (unen abeke), 78
dump (imuum), 43
dust (ntong), 61

Dutch (Nederlands), 58
duty (utom), 80
DVD (DVD), 30
dysprosium (dysprosium), 30

each (keere-keet), 48
each and everyone (owo keere keed), 65
ear (utong), 80
earring (mkpan utong mkpan utong), 53
earthenware (earthenware), 30
east (east), 30
East Timor (east-timor), 30
eastern (eastern), 30
easy (mmeme), 55
eat (dia), 28
economy (economy), 30
education (ufok-nwed), 76
ee (i), 38
efficiency (efficiency), 32
effort (ukeme), 77
egg (nsen unen), 60
eight (itia-ita), 45
eighteen (efureta), 32
eighteenth (efid eta), 32
eighty (anaang), 20
einsteinium (einsteinium), 32
Ekua (Ekua), 33
elastic (uduk akpó), 75
elbow (ekong ubok), 33
elder (ekamba owo), 32
election (election), 33
electric (ikang), 41
electricity (idektrik), 40
electron (electron), 33
elephant (enin), 34
eleven (duopekiet), 29

email (email), 33
emancipator (emancipator), 33
embrace (fad), 36
empathy (esit-mbom), 34
emphasis (yiré), 83
employee (ono-utom), 64
employer (ono-utom), 64
empty (ngkanga), 58
end (akpatere), 19
enemy (usua), 79
energetic (odudu), 63
engine (ngine), 58
engineer (ngineer), 58
England (England), 34
English (iko mbakara), 42
enjoy (ndia uwem), 56
enter (duk), 29
entertaining (usio-mbire), 79
entire (afed), 17
environment (nto), 61
envy (usin-eyen), 79
equal (ukem), 77
eraser (usok-mkpo), 79
erbium (erbium), 34
err (due), 29
essential (akpan mkpo), 19
eternal (nsinsi), 60
Europe (europe), 35
europium (europium), 35
evening (ndubire), 57
event (edinam), 31
every (kpukpru), 50
everyone (kpukpru owo), 50
everywhere (afit-itie), 17
evil (idiok), 40
exam (udomo), 74
example (uwud-mkpo uwud mkpo), 80

excuse me (sik-da), 69
executioner (executioner), 35
exit (woro), 82
expense (ubiad-okuk), 73
expensive (nsongurua), 60
experience (ifiok), 41
explain (temme), 71
explanation (siaak), 68
explode (sakka), 67
extinguish (gwod), 38
exult (dara), 27
eye (eyen), 36
eyeball (nkwa eyen), 59
eyebrow (nwa eyen), 61
eyelash (nwa eyen), 61

f (f), 36
face (iso), 44
fade (kpa), 49
fairness (afia), 17
faith (mbuotidem), 52
falcon (inuen), 44
fall (duo), 29
falsification (nsu), 60
familiar (diongho), 28
family (ufok emana ufok), 76
famous (owuo iso- owo), 65
farm (iwang), 46
farmer (otor iwang), 65
fart (mmiong), 55
fast (suóp), 71
fasting (utid-udia), 79
father (ette ette), 35
father (ette), 5, 6
father-in-law (ete ebe ette ebe(awan)), 34
father-in-law (ete ebe), 10
favour (mfon), 53

fear (baak), 23
fear (ndik), 57
February (Offiong Iba), 63
feedback (iboro), 39
feel (kop), 49
feeling (kop), 49
fees (okuk), 64
female (awowan), 22
fermium (fermium), 36
festival (usoro), 79
fetish (mkpo-ibok), 54
fever (ufiop idem), 76
fifteen (efut), 32
fifteenth (efid), 32
fifty (aba-ye-duop), 16
fight (ngwana), 58
figure (ibad-mkpo), 39
fill (sin), 69
filthy (mbad), 52
find (yum), 83
fine (afon), 17
finger (nnuon ubok), 60
finish (ma), 51
Finnish (Suomi), 70
fire (ikang), 41
first (akpa), 18
firstborn (akpa-eyen), 18
fish (iyak), 46
fisherman (ókó-iyak), 64
fishing-net (fishing-net), 37
five (itin), 46
flag (flag), 37
flat (kpaaba), 49
flatulate (nyai), 61
flee (feghe), 36
flesh (obuk), 63
flexible (amem), 20
flicker (ngwene), 58

flirting (akpara), 19
floor (isong), 45
flow (woro), 82
flower (uyai mfang), 80
fluorine (fluorine), 37
fly (furo), 37
fog (ntukko), 61
fold (fut), 37
follow (keene), 47
food (udia udia), 74
food (udia), 8
fool (useme), 79
foolish (siime), 68
foot (ikpat), 42
for (ke), 47
forbid (edikan), 31
force (udit), 74
foresee (kit), 48
forest (akai), 18
forever (nsi-nsi), 60
forget (fire), 37
forgive (daha), 27
forgiveness (ndahare- nno), 56
fork (asara-ikpang), 21
forty (aba), 16
forward (nyan), 62
foul (idiok ufik), 40
found (kid), 48
four (inang), 43
fourteen (duopenan), 30
fourth (inang), 43
fowl (unen), 78
fox (fox), 37
framework (kpana), 49
francium (francium), 37
fray (fray), 37
free (uboho), 74
free (ufang), 75

freedom (uboho), 73
freezing (ndedeng), 56
French (french), 37
French (owo-french), 65
friction (friction), 37
Friday (ayoho usen ituon ke udua), 23
fried-fish (ufrafịrai-iyak), 76
friend (ufan ufan), 75
friend (ufan), 12
friendly (eti-ido), 35
friendship (ufan), 75
frighten (frighten), 37
frightening (frightening), 37
frog (ekwod), 33
from (mmor), 56
fruit (nfere), 58
fruitful (fruitful), 37
frustration (iyaresit), 46
fry (frang), 37
fuck (ukung), 77
Fula (fula), 37
fulfill (akem), 18
full (ayoho), 23
funeral (usoro-mkpa), 79
funny (inam), 43
future (ini-iso), 43

g (g), 37
GaDangme (Gadangme), 37
gadolinium (gadolinium), 37
gain (uduk), 75
gallium (gallium), 37
gallon (okpo), 64
game (mbere), 52
gandhi (Gandhi), 37
garage (ufọk-motor), 76
garden (iwang eben esa inwang), 44

INDEX – INDEX

garden egg (nya), 61
gari (gari), 37
gaseous (gaseous), 37
gather (kpuut), 50
gecko (etuk-akpok), 35
generation (emana), 33
generosity (eti-uwem), 35
Genesis (yenesis), 82
gentle (sung), 70
geography (geography), 37
geometry (geometry), 37
germanium (germanium), 37
Germany (Germany), 38
germinate (kord), 49
get (yene), 82
Ghana (Ghana), 38
giant (okposong), 64
gift (eno), 34
giraffe (giraffe), 38
girl (nka-iferi awowan), 22
girlfriend (ufan owowan ufan awonwan), 75
girlfriend (ufan owowan), 13
give (noono), 60
giver (andinọọ), 20
global warming (global-warming), 38
glorify (kom), 48
glossy (yama), 82
glutton (ekpe-udia), 33
go (kaa), 47
goal (goal), 38
goat (ebot), 30
God (Abasi), 16
godspeed (obong-osop), 63
gold (gold), 38
gold (uyai-mkpo), 81
gong gong (gong-gong), 38
good (eti mkpo), 35

good (eti), 35
good afternoon (etiero), 35
good evening (good-evening), 38
good job (eti-utom), 35
good morning (emesiere), 34
goodbye (ka di), 47
goodness (eti), 35
gospel (iko-abasi), 42
gossip (baanga), 23
govern (kara), 47
government (ada ukara), 16
grab (mum), 56
grace (mfon), 53
gracious (mfon), 53
graduate (ata ifiok), 21
grain (mkpasip), 53
grandchild (ayeyen), 10, 23
granddaughter (ayeyen ayeyen), 23
granddaughter (ayeyen), 10, 11
grandmother (ekam), 4, 32
grandpa (etebom), 4, 35
grandson (ayeyen ayeyen), 23
grandson (ayeyen), 11
grape (urak-ayaebot), 79
grasp (grasp), 38
grass (mbiod), 52
grasshopper (atak-tak), 22
gratitude (ekom), 33
grave (udi), 74
grease (adan), 16
great (okposong), 64
great-grandchild (udod ayeyen udod ayeyen), 74
great-grandchild (udod ayeyen), 12
greed (itong), 46
greedy (inọọk), 44
green (awawa), 22
greet (kom), 48

greeting (ekom), 32
grieve (seme), 68
grind (kok), 48
groin (groin), 38
ground (isọng), 45
groundnut (mmasang), 55
group (atu), 22
grow (koot), 48
growth (koot), 48
guard (ukpeme), 77
guava (wọfa), 82
guess (keere), 48
guide (kpeme), 49
guilt (ndudue), 57
Guinea-Bissau (Guinea-Bissau), 38
guinea-fowl (unen abeke), 78
guitar (guitar), 38
gun (ikang), 41

h (h), 38
habit (edu owo), 31
habitat (habitat), 38
hafnium (hafnium), 38
hair (ided), 40
half (ubak), 73
hallelujah (hallelujah), 38
hammer (hammer), 38
hand (ubok), 74
handkerchief (ofong inua ofong inua), 64
hang (koop), 48
happen (tibe), 72
happiness (inemesit), 43
happy birthday (inemesit usen emana), 43
happy new year (idaresit afa isua), 40
harass (fana), 36

harbour (esuk), 34
hard (asong), 21
hard (osong), 65
hardship (nsọngọ-mkpọ), 60
harmattan (ekarika), 32
hassium (hassium), 38
hassle (fana), 36
hat (itam), 45
hate (sua), 70
hatred (sua), 70
Hausa (Acusa), 16
have (yene), 82
have a hold on (yene-a-mum-ke), 82
having (tuagha), 73
hawk (inuen), 44
he (anye), 21
head (ibuot), 39
headache (ubiak ibuot), 73
headphone (headphone), 38
headscarf (mbop-ibuot), 52
heal (kuk), 50
healing (osong), 65
health (idem), 40
heap (kup), 50
hear (kop), 49
heart (esit), 34
heartbreaker (abung owo-esit), 16
heat (ufiop), 76
heaven (edem-eyong), 30
heavy (udob), 74
hedgehog (hedgehog), 38
heel (etetighe), 35
height (idagha), 39
helicopter (ubom onyong), 74
helium (helium), 38
hello (aloo), 20
help (unwam), 79
help (wam unwam), 79

INDEX - INDEX

hen (unen), 78
her (anye), 21
her (enye), 34
herb (nkong ibok), 59
here (mi), 53
here (mmi), 55
hero (akoñko), 18
herring (nyoo), 62
herself (eye), 35
hi (hi), 38
hide (dibe), 28
high-school (secondary school), 68
highlife (highlife), 38
highway (usung), 79
him (anye), 21
himself (eye), 35
hiplife (hiplife), 38
hippopotamus (isantim), 44
his (enye), 34
history (mbok), 52
hit (kpokko), 49
hold (mum), 56
hole (ndudu), 57
holiday (nduk-odudu), 58
holmium (holmium), 38
holy (edisana), 31
home (ufok ufok), 76
honesty (eti-uwem), 35
honey (adan-akuok), 16
honour (kpono), 50
hope (idorenyin), 40
horn (horn), 38
horse (enang), 34
hospital (ufok ibok), 76
hot (ufiop), 76
hotel (itie udia uwem), 45
hour (ini), 43
house (ufok ufok), 76

housekeeper (akpeme ufok akpeme ufok), 19
how (die), 28
how are you (idem mfó), 40
how much (uwak), 80
hug (fad), 36
human (owo), 65
humankind (awo), 22
humiliation (suene), 70
humility (nsuhuridem), 60
hundred (ekpad-nniara), 33
hunger (abiong), 16
hungry (biong), 25
hunter (ata utop ata utop), 21
hurry (sop), 70
husband (ebe ebe), 30
husband (ebe), 9
hut (atayat), 22
hydrogen (hydrogen), 38
hypocrisy (nkara), 59

I (i), 38
I am well (idem mmi osong), 40
ice (ice), 39
ice-cream (icecream), 39
idea (ifiok), 41
idiom (idiom), 40
if (akpe-do), 19
if ... then (edien), 31
Igbo (Uneghe), 78
iguana (iguana), 41
immerse (immerse), 43
immigrant (immigration), 43
impact (akpan mkpo), 19
imperfection (imperfection), 43
important (akpan mkpo), 19
in (ke), 47
inactive (abiara), 16

incinerate (ndifop-mkpo), 57
inclusion (sin), 69
income (uduk), 75
increase (tot), 72
independence (dod-eyen), 28
India (India), 43
Indian (Indian), 43
Indian (indian), 43
indigent (uwene), 80
indigo (indigo), 43
indium (indium), 43
infect (nnor), 60
infertile (ikemke ndibon), 41
infinity (nsi-nsi), 60
information (stop), 70
infrastructure (infrastructure), 43
inheritance (inyene ufok), 44
inject (kim), 48
injection (ibok), 39
injure (unan), 78
insect (insect), 44
insinuate (wana ndi ting), 81
insult (miom), 53
insults (usong-eyen), 79
integrate (dian), 28
intelligent (ifok), 41
international (otu mme obio), 65
internet (internet), 44
introduction (editongo), 31
invest (invest), 44
investment (inyene), 44
invoice (invoice), 44
iodine (iodine), 44
iphone (iPhone), 44
iridium (iridium), 44
iron (ukwak), 78
Islam (Islam), 44
Islamic (Islamic), 44

island (island), 44
issue (mfana), 53
it (ite), 45
it (mkpo), 53
its (anye), 21
its (mkpọ), 54
Itsekiri (Itsekiri), 46
itself (itself), 46
ivory (ivory), 46

j (j), 46
jaguar (jaguar), 46
jama (jama), 46
January (Offiong Kiet), 63
Japan (japan), 46
Japanese (Japanese), 46
jar (atu), 22
jealousy (idiok esit), 40
Jerusalem (Jerusalem), 47
jesus (abasi), 16
Jesus (Eyin-obong), 36
jewelry (jewelry), 47
job (utom), 80
Johannesburg (johannesburg), 47
john (Yohn), 83
join (dian), 28
journey (usung isang usung isang), 79
joy (inemesit), 43
judge (kpe), 49
July (Offiong Itiaba), 63
jump (tama), 71
junction (junction), 47
June (offiong itiokeed), 63
just (ado), 16
just (just), 47
justice (ikpe), 42

k (k), 47
keep (kama), 47
Kenya (Kenya), 48
kerosene (mmong ikang), 55
key (ukpohore), 77
khakhi (afong), 17
kid (eyin ekpri eyen), 33
kidnapping (ndiyiip-owo), 57
kill (wot), 82
kindergarten (kindergarten), 48
kindle (kindle), 48
kindness (etido), 35
king (edidem), 31
kingdom (obio), 62
kiss (tom), 72
kiss (tum), 73
kitchen (ebiet unam udia ufok utem mkpo), 30
knee (edong), 31
knife (ikua), 42
know (fiok), 36
knowledge (ifiok), 41
kofi (Kofi), 48
kola nut (efiat), 32
Kongo (kongo), 48
Konkomba (Likpakpaln), 51
koran (koran), 49
Krio (krio), 50
krypton (krypton), 50
kweku (Kweku), 50

l (l), 50
lab (lab), 50
laboratory (itie-usio-iyip), 45
ladle (ikpang), 42
lady (aboikpa), 16
lake (mmong itie kiet), 56
lamb (nyen-edong), 62
land (isong), 45
landlord (unie-ufok), 78
language (iko), 41
lanthanum (lanthanum), 50
large (akamba), 18
later (yak amana), 82
laugh (saak), 67
laughter (imam), 43
law (mbed), 52
lawrencium (lawrencium), 51
lawyer (akpe-ikpe), 19
lay (bit), 25
laziness (ifu), 41
lazy (ifu), 41
lead (ngket), 58
leader (ada-ibout), 16
leaf (mfang), 53
lean on (bere), 24
learn (kpem), 49
learning (ukpep), 77
leather (leather), 51
leave (kpong), 49
ledge (ledge), 51
left (ufiin), 76
leg (ukot), 77
lemon (lemon), 51
lend (wuot), 82
length (length), 51
lens (umono-eyen), 78
leopard (leopard), 51
leprosy (akpa-mfia), 19
Lesotho (lesotho), 51
lesson (ukpep mkpo), 77
let (yak), 82
let ... know (neme), 58
letter (nwed-etop), 61
lettuce (ikong), 42
levy (okuk mbet), 64

liability (uko), 77
liar (osu-nsuk), 65
liberty (unen), 78
library (itie-ukodnwed), 45
lick (ngweem), 58
lid (ukup), 77
lie (sugho), 70
life (uwem), 80
lifetime (ini uwem), 43
lift (kpappa), 49
light (uwana), 80
lightning (akeb keb), 18
lightweight (nyahade mkpo), 61
like (ma), 51
lily (lily), 51
lime (mkpri sokoro), 55
line (line), 51
Lingala (Lingala), 51
link (link), 51
lion (ekpe), 33
lip (mkpok inua), 55
lipbalm (udot-inua), 75
liquid (mmong), 55
listen (kop), 49
lithium (lithium), 51
litigate (faanga), 36
little (ekpri), 33
little (ndiyiip-owo), 57
live (due), 29
liver (liver), 51
living (du), 29
living-room (living-room), 51
lizard (ekpok), 33
loan (ewuoot), 35
lobster (isobo), 45
location (itie), 45
lockdown (lockdown), 51
locust (ngkukumkpoyoriyo), 58

log in (log-in), 51
log out (woro), 82
logo (logo), 51
loin (edak), 30
Lomwe (Lomwe), 51
London (Obio-mfia Obio-Mfia), 62
long (nyoong), 62
look (se), 68
loosen (tad), 71
Lord (Obong), 63
lose (duook), 29
lot (uwak), 80
loud (mkpo), 54
louse (ndang), 56
love (ima), 42
lover (ma), 13, 51
loyal (usuku ibuot), 79
lung (lung), 51
lutetium (lutetium), 51

m (m), 51
machine (ngine), 58
madam (eka ufok), 32
made up (nam-eyong), 56
magazine (nwed-mbok), 61
magnesium (magnesium), 51
maid (eyen-ufok), 36
mail (mail), 51
main (ata amor), 21
maintain (nim), 59
maize (ebikpod), 30
major (akpan mkpo), 19
make (nam), 56
make love (nam-ima), 56
maker (andibod), 20
malaria (uto-eyen), 80
male (awoden), 22
male (eden owo), 30

man (awoden), 22
manage (tuko), 73
management (andikara), 20
manager (ada iwud), 16
manganese (manganese), 51
mango (manko), 51
manner (edu-unam mkpo), 31
many (uwak), 80
map (map), 51
March (Offiong Ita), 63
march (offiong ita), 63
marijuana (marijuana), 51
mark (idiongho), 40
market (udua), 75
marriage (ndo), 57
marry (ndo), 57
mask (mkpo ufuk iso mkpo ufuk iso), 54
massive (ekamba), 32
masticate (ta-mkpo), 71
mate (nka), 59
material (mkpo utom), 54
maths (ibad), 38
Matthew (Matthew), 52
mattress (mbid), 52
maximum (ekamba), 32
May (akeme inam), 18
maybe (akeme ido), 18
me (ami), 20
mean (oworo), 65
meaning (oworodidie), 65
measure (domo), 29
meat (unam), 78
medicine (ibok), 39
meet (kid), 48
meitnerium (meitnerium), 52
melon (ikon), 42
melt (yet), 82

memorization (tiyo), 72
memorize (keere), 48
memory (iwuot), 46
mendelevium (mendelevium), 53
mental (mkpo nsup), 54
mention (siaak), 68
mercury (mercury), 53
mercy (mbom), 52
mere (nkanga), 59
merry (daara), 27
message (etop), 35
metre (metre), 53
microphone (mkpo-uting-iko), 55
middle (ufuot), 77
milk (mmóng eba), 55
millet (millet), 53
million (million), 53
mind (esit), 34
mine (eke mi), 32
minimum (ekpri), 33
minute (ini), 43
mirror (ukut iso ukid iso), 77
miser (uma), 78
miserly (uma), 78
miss (due), 29
miss (wond), 82
mistake (ndudwe), 57
mister (uma), 78
mix (waak), 81
modern (afa eyo), 17
Modern Greek (ellinika), 33
molybdenum (molybdenum), 56
mom (eka), 32
moment (idagha), 39
Monday (akpa usen ke udua akpa usen ke udua), 18
money (okuk), 64
monkey (ebok), 30

month (okuk udongo), 64
moon (offiong), 63
more (awak), 22
more (uwak), 80
morning (ubaha-usen), 73
mosque (itie-ukpono), 45
motorcycle (mkpo isang), 54
mountain (obod), 63
mouse (ekpoh), 33
mouth (inua), 44
move (sang), 68
movie (ndise), 57
mud (mbat), 52
multiplication (dian), 28
mum (ama), 5, 6, 20
murder (ndi ewod owo), 56
mushroom (udip), 74
music (ikwo), 42
mustache (idet-inua), 40
mute (imuum), 43
my (mmi), 55
myself (mmi), 55
mystery (ndidibe-mkpo), 56

n (n), 56
nail (mbara), 52
nail (ukwak), 78
name (eyin aying), 23
Namibia (Namibia), 56
nation (obio), 62
national (national), 56
nausea (udong-ekikoi), 74
navel (ekop), 33
Ndebele (Ilimi), 42
neck (itong), 46
necklace (mkpo itong), 54
need (udong), 74
negative (negative), 58

neighbour (ndung-ndiana), 58
neighbourhood (mbók-idung), 52
neodymium (neodymium), 58
neon (neon), 58
nephew (ayen awoden ayeneka ete,eka), 22
neptunium (neptunium), 58
network (network), 58
neutron (neutron), 58
never (ikemeke), 41
nevertheless (ndien), 57
new (ufa), 75
news (etop), 35
newspaper (nwed-etop), 61
next (efen), 31
nice (eti), 35
nickel (nickel), 59
niece (ayen awowan ayeneka ete,eka), 23
Nigeria (Obio-Nyin), 62
Nigerian (obio), 62
night (okoneyo), 64
nine (usukkiet), 79
nineteen (efurenan), 32
ninety (anan-ye duop), 20
niobium (niobium), 59
nitrogen (nitrogen), 59
no (iyo), 46
Noah (Noah), 60
nobelium (nobelium), 60
noise (uyom), 81
nominate (sio), 69
nonsense (ndisiime), 57
normal (ntoro), 61
north (north), 60
northern (northern), 60
Norway (Norway), 60
nose (ibuo), 39

not (idoho), 40
nothing (mkpo-idoho), 54
noun (noun), 60
November (offiong duopkiet), 63
novice (afa-owo), 17
number (ibad-mkpo), 39
numbness (ibikpai), 39
nurse (ukuk udongoh), 77
nut (isip), 44

oa (o), 62
oath (ewongho), 35
obey (kpono), 50
objective (aim), 18
objective (objective), 63
obviously (awaha), 22
ocean (akpa), 18
October (offiong duop), 63
odd (odd), 63
of (ake), 18
office (ufok utom), 76
often (tiaara), 72
Oganesson (oganesson), 64
oil (adan), 16
okay (okay), 64
okro (etike), 35
old (akaan), 18
old lady (akan-awan), 18
old man (akan-eden), 18
one (keed), 47
one (kiet), 48
one person (owo-kiet), 65
onion (oyim), 65
open (kuppo), 50
oppose (oppose), 64
opposite (nsaha-iso), 60
or (mmi doho), 55
orange (sokoro), 69

order (uyio), 81
organ (organ), 64
organization (itie utom), 45
organizer (organizer), 64
osita (Osita), 65
osmium (osmium), 65
ostentatious (nsio), 60
other (efen), 31
our (nnyin nnyin), 60
ourselves (nyin), 62
outside (esion), 34
overflow (aneke-yoho), 20
overgrow (aneke-akpon), 20
owe (kama), 47
owl (nkid-ikid), 59
owner (unie), 78
oxygen (oxygen), 65

p (p), 65
pacify (book), 25
page (ikpa nwed ikpa nwed), 42
pail (akpo-mmong), 19
pain (ubiak), 73
paint (kpen), 49
paint (paint), 65
palace (ufok-obong), 76
palladium (palladium), 65
palm (eka esit ubok), 32
palmnut soup (efere-abak), 31
palmwine (ukot-nsung), 77
pan (esuo-uframkpo), 34
Panjabi (punjabi), 67
paper (ikpa nwed), 42
parable (ngke), 58
parched (parched), 65
parent (ete ye eka ette ye eka), 34
parent (ette ye eka), 35
parents (unie-eyen), 78

park (park), 65
parliamentarian (parliamentarian), 65
parrot (inim), 44
part (itie), 45
partner (partner), 13, 65
party (party), 65
pass (biyo), 25
pass by (biyo), 25
passion (udong), 74
passport (ndise), 57
paste (dian), 28
pastor (etubom), 35
path (mkpafang), 53
patience (ime), 43
patient (owo-udongho), 65
pauper (uweene), 80
pawpaw (bobo), 25
pay (kpe), 49
payment (ndikpe-okuk), 57
peace (emem), 34
peck (tum), 73
pedophile (pedophile), 65
peel (kuoi), 50
peer (nka), 59
pen (eto nwed), 35
pencil (eto uwed nwed), 35
penguin (penguin), 66
penis (mfet), 53
people (mme owo), 55
pepper (ntukon), 61
peppermint (peppermint), 66
perfume (perfume), 66
period (ini), 43
permanent (nsinsi), 60
permission (odudu), 63
persecute (yire), 83
person (owo), 65

personal protective equipment (ppe), 66
pet (ufene), 75
peter (peter), 66
petition (petition), 66
philosopher (philosopher), 66
phone (mkpo utang-iko), 54
phosphorus (phosphorus), 66
photograph (ndise), 57
physics (physics), 66
piano (piano), 66
pick (been), 24
picture (ndise ndise), 57
Pidgin English (pijin), 66
pig (edi), 31
piggy bank (piggy-bank), 66
pillar (abai), 16
pillow (udori ibuot mkpo udod ibut), 54
pinch (yiip), 83
pineapple (pinable), 66
pink (pink), 66
pins and needles (unuen-ye-unuen), 78
pioneer (akpa-owo), 19
pipe (akpor), 19
pipe (smoking-pipe), 69
pitiful (mbom), 52
pito (pito), 66
place (ntie ntie efe), 61
plan (kere), 48
plane (ubom-eyong), 74
planet (ererimbot), 34
plant (toh), 72
plantain (ukom), 77
plate (usan udia usan), 79
plate (usan udia), 8
platinum (platinum), 66

INDEX – INDEX

play (bire), 25
play (mbire), 52
pleasant (nneenem), 60
please (mbok), 52
pledge (pledge), 66
plentiful (uwak), 80
pluck (kekpe), 48
plutonium (plutonium), 66
pocket money (pocket-money), 66
poem (poem), 66
point (nyan), 62
poke (saap), 67
police (udo-obod), 74
policy (ido), 40
political party (politicalparty), 66
pollution (idiok-afum), 40
polonium (polonium), 66
poop (ifuo), 41
poor (weene), 81
population (ibad-owo), 39
porcupine (porcupine), 66
pork (unam), 78
porridge (mbot), 52
position (idagha), 39
possess (mkpo-nsop), 54
possessive (possessive), 66
pot (esio), 34
potassium (potassium), 66
potty (asana), 21
pound (tim), 72
pour (duoi), 29
poverty (uweene), 80
powder-keg (powder-keg), 66
power (odudu), 63
powerful (odudu), 63
praise (ekom), 32
praseodymium (praseodymium), 66
prawn (prawn), 66

pray (akam), 18
prayer (akam), 18
preach (kuoro), 50
predict (dioho), 28
pregnancy (idip), 40
pregnant (yommo), 83
prejudice (prejudice), 66
preparation (beenge), 24
preparations (beenge), 24
prepare (beenge), 24
preserve (nim), 59
president (ada ukara), 16
press (fik), 36
pretend (nkara), 59
pretty (uyai), 80
prevent (kpeme), 49
previous (akan), 18
price (udua-mkpo), 75
pride (mkpon), 55
priest (aku), 19
primary school (ufok nwed ntok eyen), 76
prince (ayin-ọbọng), 23
print (print), 66
printer (printer), 66
prison (mkpokobo), 55
problem (mfana), 53
proceed (ka-iso), 47
process (nam), 56
producer (producer), 66
product (mkpo udua), 54
profit (uduk), 75
programme (edinam), 31
progress (uforo), 76
project (edinam), 31
promethium (promethium), 66
promise (ewongó), 35
promise (kaanga), 47

pronoun (pronoun), 66
prop (prop), 66
property (iyene), 46
prophesy (nkikid), 59
prophet (akid-nkikid), 18
prosperity (iyene), 46
protactinium (protactinium), 66
protect (bem), 24
protection (ukpeme), 77
proton (proton), 66
proverb (nké), 59
provide (nor), 60
pull (dud), 29
punish (tuko), 73
puppet (puppet), 67
purchase (deb), 27
purple (purple), 67
purpose (ntak), 60
pursue (yire), 83
push (nua), 61
put (sin), 69
puzzle (puzzle), 67

q (q), 67
quake (earthquake), 30
quality (eti mkpo eti mkpo), 35
quantity (ukpa), 77
question (mbeme mbeme), 52
quick (soop), 69
quickly (sop), 70
quiet (dob), 28
quotation (quotation), 67

r (r), 67
rabbit (eku mbakara), 33
race (itók), 46
radiation (radiation), 67

radio (ekebe uting iko akeme uting iko), 18
radium (radium), 67
radon (radon), 67
rain (edim), 31
rainbow (rainbow), 67
rainy (edim), 31
rainy season (ukwo-edim), 78
raise (dakada), 27
raisin (raisin), 67
rand (rand), 67
rap (suop), 71
rape (ina nkan-ubok), 43
rape (ina-nkanubok), 43
rat (ekpu), 33
raw (ndek), 56
razor (razor), 67
reach (sim), 69
reach a final milestone (sim-à-akpatere-ntor), 69
read (kud), 50
reading (kod), 48
real (ataa), 22
reality (ataa), 22
rear (anan), 20
reason (ntak), 61
rebel (rebel), 67
rebellion (rebellion), 67
receive (bó), 25
record (record), 67
recover (yene), 82
rectangle (rectangle), 67
red (idaidat), 39
reduce (sio), 69
refrigerator (ekebe ntuhube), 9, 32
regret (mkpefiok), 53
reign (ba), 23
reject (nyeme), 62

rejoice (daara), 27
relationship (ndubeghe), 57
relative (eyin-eka), 36
reliable (reliable), 67
remain (bed), 24
remember (tee), 71
remind (toyo), 72
remote control (remote-control), 67
remove (sio), 69
repair (diong), 28
repeat (fiak-nam), 36
repent (kappa-esit), 47
reply (iboro), 39
report (doho), 28
report (iboro), 39
representative (uwud-mkpo), 80
reputation (ekikere ke baha owo), 32
request (bip), 25
requester (andibip), 20
rescue (yaha), 82
resemble (biet), 24
respect (kpono), 50
respond (boro), 25
response (iboro), 39
responsibility (ubók utom), 74
responsible (ubiong utom), 73
rest (duk-udod), 29
restaurant (itie-udiamkpo), 45
restore (diong), 28
result (iboro nwed), 39
resurrection (sed), 68
retail (sio-nyam), 69
return (return), 67
reveal (nwud), 61
revive (deme), 27
rhenium (rhenium), 67
rhodium (rhodium), 67
rice (edesi), 31

rich (imọ), 43
right (nen), 58
right (udom), 74
rights (nen), 58
ring (mkpa-inuun), 53
ringworm (ekpo mfem), 33
ripen (daat), 27
rise (kokko), 48
river (inyang), 44
road (usung), 79
roam (yong), 83
roast (fop), 37
rock (itat), 45
rocket (rocket), 67
roentgenium (roentgenium), 67
Romans (Romans), 67
roof (eyong okom eyong okom), 36
room (ubed ubed), 73
roost (ufok inuen), 76
root (aduñ), 17
rope (uduk), 75
rot (buto), 25
row (ndisi), 57
rubidium (rubidium), 67
ruin (biad), 24
rule (ukara), 77
run (feghe), 36
ruthenium (ruthenium), 67
rutherfordium (rutherfordium), 67

s (s), 67
sabotage (biad), 24
sack (sio ke utom), 69
sacrifice (wa), 81
sad (fugho), 37
safe (sung), 70
safety (sung), 70
salt (inung), 44

salutation (ekom), 32
salvation (eriyaha), 34
samarium (samarium), 67
same (ukem), 77
sand (ntan), 61
sanitizer (sanitizer), 68
sarcasm (sarcasm), 68
Saturday (ayoho usen itiokiet ke udua), 23
sauce (sauce), 68
saucepan (ban), 23
save (nyianga), 62
saving (ubók-akuk), 74
saviour (andiwam), 20
say (yumo), 83
say goodbye (wara), 81
scandium (scandium), 68
scar (mbon), 52
scarce (mbon), 52
scarcity (una), 78
scare (ndo), 57
scarlet (idaidat), 39
scary (ndik), 57
scatter (suaan), 70
school (ufok-nwed), 76
science (science), 68
scissors (ufad-mkpo), 75
scoop (koi), 48
score (sin), 69
scorn (ndisong-eyen), 57
scorpion (mbamba), 52
scrape (kuat), 50
scream (bong), 25
scrub (sok), 69
sea (akpa), 18
seaborgium (seaborgium), 68
search (yum), 83
seat (ifum), 41
second (eba), 30
second (iba), 38
secret (ndedibe), 56
security (akpeme-itie), 19
see (se), 68
see ... off (suk), 70
seed (mkpasi), 53
seek (yum), 83
seizure (udongho), 75
seldomly (nsubó), 60
select (sat), 68
selenium (selenium), 68
selfishness (uyim), 81
sell (nyam), 61
seller (ayam-udua), 22
send (dong), 29
sense (kop), 48, 49
sentence (iko), 41
September (offiong usukkiet offiong usukkiet), 63
sequence (sequence), 68
serious (song-odudu), 69
serve (efak), 31
service (edere), 30
set (nehe), 58
settle (kwehe), 50
seven (itia-aba), 45
seventeen (efid-eba), 32
seventy (ata-ye-duop), 22
several (umiang), 78
sew (kim), 48
sex (ina), 43
sex education (sex-education), 68
sh (sh), 68
shade (eyen-mkpo), 36
shame (buut), 25, 26
share (deeme), 27
sharpen (ban), 23

she (anye), 21
sheabutter (sheabutter), 68
sheep (edong), 31
shine (yama), 82
ship (ubom nsungikang), 74
shirt (itong ofong), 46
shit (afit), 17
shiver (nyek), 62
shoe (ikpaukot ikpa ukot), 42
Shona (Shona), 68
shoot (top), 72
shop (ufok urua ufok udua), 76
shopping (udebep), 74
short (ibio), 39
shorts (ofong ukot), 64
shoulder (afara), 17
shout (mkpo), 54
show (wut), 82
show ... pity (mbom), 52
shower (ufok uyere idem ufok uyere idem), 76
shower (yeh), 82
shrimp (abu), 16
shrink (fiim), 36
shut (kuuk), 50
shut down (kuuk), 50
shyness (beud beud), 24
sibling (ndito eka), 7, 57
sick (udongo), 75
sickness (udongo), 75
sigh (sioop), 69
sign (sign), 68
signify (idiongho), 40
silent (dobo), 28
silicon (silicon), 69
silver (silver), 69
simple (idaha-idaha), 39
sin (dwe), 30

sing (kwo), 50
sing jama (kwo-jama), 50
singing (kwo), 50
sink (deeng), 27
sink (mkpo nyed usan), 54
sister (eyeneka-awowan ayeneka awowan), 23
sister (eyeneka-awowan), 7
sit (tie), 72
six (itiokeed), 46
sixteen (efutkiet), 32
sixteenth (efutkiet), 32
sixty (ata), 21
skeleton (okpo), 64
skill (uso), 79
skin (ikpa idem), 42
skirt (ofong idem), 64
sky (ikpa enyoung), 42
slap (ufia), 75
sleep (idap), 40
sleep tight (nna-fon), 59
slice (kpeke), 49
slim (nsip- nsip), 60
slippers (ikpa ukot), 42
slow (sung-sung), 70
slut (akpara), 19
small (ekpri), 33
smart (diongho- mkpo), 28
smash (nuakka), 61
smell (ufik), 76
smile (tebe), 71
smoke (nsungikang), 60
smoothen (dono), 29
snail (ekwong), 33
snake (uduk-ikot), 75
sneeze (waya), 81
snore (nkon), 59
snow (ekarika), 32

snowy (ekarika), 32
soaked (udebe), 74
soap (suob suop), 70
social distancing (nsan nsan), 60
sock (fip fip), 37
sodium (sodium), 69
sofa (mkpo itie), 54
soft (mem), 52
soften (mmeme), 55
soil (ererimbot), 34
soldier (owo-ekong), 65
solemn (akpan mkpo), 19
solution (iboró), 39
some (ubaak), 73
someone (owo), 65
something (mkpo), 54
sometimes (ubak-ini), 73
somewhere (somewhere), 69
son (ayin awoden), 23
song (ikwo), 42
soothe (sukho idem), 70
soothing (sung), 70
sorrow (seme), 68
sorry (kpe), 49
Sotho (Sotho), 70
soul (ukpong), 77
sound (uyom), 81
soup (efere), 31
source (source), 70
south (south), 70
South Sudan (South-Sudan), 70
southern (southern), 70
sow (toh), 72
space (afang), 17
space (ufang), 75
spade (udók), 74
spank (ufia), 75
spatula (ekpang), 33

speak (tang), 71
spear (eduat), 31
special (asaha-saha), 21
speed (suóp), 71
spend (biad), 24
spending (biad), 24
spider (ndukóm-ekpe), 58
spine (akpo asak-edem), 19
spinning top (spinning top), 70
spirit (ukpong), 77
split (siaak), 68
spoil (biara), 24
sponge (nkpo uyet usan kusà), 50
sponsor (andiwam), 20
spoon (ikpang ikpang), 42
spoon (ikpang), 8
sport (sport), 70
spouse (ebe ebe(awan)), 30
spread (swan), 71
spring (spring), 70
sprout (tibe), 72
sputum (ikong), 42
spy (se), 68
squeeze (nyimme), 62
squirrel (adua), 16
stab (kim), 48
stadium (Akwa anwa mbre), 19
stamp (dian), 28
stand (da), 27
star (nta nta offiong), 60
start (tuho), 73
state (obio), 62
statement (iko), 41
station (ntor ndaha), 61
stay (dong), 29
steal (yib), 83
steer (steer), 70
step (step), 70

INDEX – INDEX

step-child (ayen ebe ayen ebe (awan)), 23
stepfather (ebe awan ebe awan), 30
stew (efere), 31
stick (eto), 35
still (asoho), 21
stimulate (udong), 74
stinginess (uyim), 81
stink (tebe), 71
stir (kama), 47
stomach (idip), 40
stomach-ache (ubiak-idib), 73
stone (itiat), 45
stool (ifuọ), 41
stop (biere), 24
store (udua ufok udua ufok), 75
storehouse (udua ufok), 75
storm (oduma), 63
story (uto), 80
stove (nkpo utem udia), 59
straight (anyan), 21
straighten (nen), 58
strange (esen), 34
stranger (asen), 21
street (usong), 79
strength (odudu), 63
strengthen (udud), 75
stress (ufen), 75
stripe (stripe), 70
striped (dud), 29
strive (nwana), 61
stroll (isang), 44
stroll (sanga), 68
strong (song), 69
strontium (strontium), 70
structure (shape), 68
student (eyen-ufoknwed), 36
studio (itie-utom), 46
study (kpeep), 49
stumble (duo), 29
subtract (sio), 69
success (uforo), 76
suck (fiip), 36
suckle (fiip), 36
sue (kop), 48
suffer (ufen), 75
suffering (ufen), 75
sugar (suka), 70
sugarcane (mboko), 52
sulfur (sulfur), 70
sum (ibad okuk), 39
summarisation (summarization), 70
summer (nda-eyo), 56
sun (offiong), 63
Sunday (edere), 30
sunny (utin), 79
sunrise (nda eyo), 56
supplant (sin), 69
support (nwam), 61
surpass (kan), 47
surround (yuhu), 83
sushi (sushi), 71
swallow (meenge), 52
swallow (men), 53
Swati (Swati), 71
swear (wogho), 82
sweep (kuok), 50
sweet (inem), 43
sweet potato (inem-udia), 43
sweetheart (inighe), 44
swim (wok), 82
switch off (nime), 59
switch on (domo), 29
symbol (idiongho), 40
syringe (unnuen), 78

t (t), 71
table (okpokoro okpokoro), 64
tablet (nkwa-ibok), 59
tail (isim), 44
take (been), 24
Takoradi (Takoradi), 71
talk (ting), 72
tall (nyoong), 62
tantalum (tantalum), 71
tap (inua mmong), 44
taste (kop), 48
tattered (taagha), 71
tax (okuk mbet), 64
taxi (mkpo isang), 54
tea (ti), 71
teach (kpem), 49
teacher (akpep-nwed), 19
team (otu), 65
tear (waak), 81
tease (dong), 29
technetium (technetium), 71
technique (usung-edinam), 79
technology (dioho-die), 28
technology (technology), 71
teenage (ufa-aboikpa), 75
telephone (mkpo uting iko), 54
telescope (telescope), 71
television (ekebe ndise akeme ndise), 18
tell (doho), 28
tellurium (tellurium), 71
temple (obot-abasi), 63
ten (duop), 29
tent (ufok mkpo), 76
terbium (terbium), 71
test (domo), 29
test (udomo), 74
thallium (thallium), 71

than (akan), 18
thank (kom), 48
thank you (afo), 17
thanks (sosongo), 70
thanks (sosongoh), 70
that (anye), 21
that (aye), 22
that escalated quickly (eye-adok-usop), 36
the (ko), 48
theatre (itie-usiak-idem), 45
theft (ino), 44
their (mmo), 55
them (mmo), 55
themselves (idem-mmor), 40
then (ndien), 56, 57
there (do), 28
therefore (therefore), 71
these (eyem), 36
they (nmo), 59
thicken (tok), 72
thief (ino), 44
thin (asip), 21
thing (mkpo), 54
think (keere), 48
thirst (udong), 74
thirteen (duop ita), 29
thirteenth (duop ita), 29
thirtieth (edip-mme-duop), 31
thirty (edip-ye-duop), 31
this (enyem), 34
this (eyem), 36
thorium (thorium), 71
thought (akikere), 18
thousand (ikie), 41
thousands (tosin), 72
threat (threat), 71
three (ita), 45

thrive (foro), 37
throat (itong), 46
throne (ifum-ukara), 41
throw (top), 72
throw away (top-duook), 72
thulium (thulium), 71
thumb (nnuon ubok), 60
thunder (aduma), 17
thunderbolt (thunderbolt), 71
Thursday (usen inang ke udua), 79
tidy (asana), 21
tie (bop), 25
time (ini), 43
times (ini), 43
timetable (ini-mkpo), 44
tin (iko), 41
tiny (epire), 34
tire (kak), 47
tiredness (kak), 47
titanium (titanium), 72
tithe (tithe), 72
to (ke), 47
tobacco (ike), 41
today (mfin), 53
toe (ukot), 77
toffee (toffee), 72
together (diana-kiet), 28
toilet (ufok uka ifuo), 76
toilet roll (mkpo ukuhore efod mkpo ukuhore efod), 54
tolerance (yo), 83
tomato (tomato), 72
tomorrow (mkpong), 55
tongue (edeme), 30
too (nde), 56
too much (uwak), 80
tool (mkpo-utom), 55
tooth (eded), 30
toothbrush (nkpo utuk edet mkpo usok inua), 54
toothpaste (mkpo usok inua), 54
topic (ibio-iko), 39
torment (tuko), 73
total (afed), 17
touch (tuuk), 73
tough (osong), 65
tour (tour), 72
towel (ofong ukwohore idem ofong ukohore idem), 64
town (obio), 62
trade (ndiyam), 57
trade (ndubeghe), 57
trader (ayem udua), 22
trading (ndubeghe), 57
tradition (mbed), 52
traffic (traffic), 73
train (mkpo isang), 54
train (train), 73
transform (kpuho), 50
translate (kapa), 47
translation (kapa), 47
translator (akapa-iko), 18
transportation (transportation), 73
trash (mkpo-mbio), 54
travel (daka), 27
travel (dakka), 27
treason (biangha), 24
treasure (ma), 51
treat (nam), 56
tree (eto eto), 35
tremble (nyek), 62
triangle (anen ita), 20
tribute (iko-ekom), 42
trick (nkara), 59
trillion (trillion), 73
triumph (kan), 47

trouble (mfana), 53
trouser (ofong ukot ofong ukot), 64
truck (truck), 73
true (akpaniko), 19
trumpet (aduk), 16
trust (mbutidem), 52
trust (nem), 58
truth (akpaniko), 19
try (nwana), 61
tuberculosis (akpaikpai-ikọng), 19
Tuesday (ayoho usen iba ke udua), 23
Tumbuka (tumbuka), 73
tungsten (tungsten), 73
turbulent (mfana), 53
turkey (turkey), 73
turn off (nime), 59
turtle (ekwod-mmong), 33
tweet (tweet), 73
twelfth (twelfth), 73
twelve (duopeba), 29
twenty (edip), 31
twin (amana iba), 20
twist (fiak), 36
two (iba), 38
type (utor), 80

u (u), 73
ukelele (ukelele), 77
umbilicus (ekop), 33
umbrella (ufuk-eyo), 77
uncle (ayeneka ete,eka awoden), 5, 23
under (idaak), 39
understand (anwanga), 21
underwear (ofong idak idem), 64
undesirable (undesirable), 78
unemployed (una utom), 78

unfamiliar (ndiohoke), 57
ungrateful (ungrateful), 78
union (diana-kiet), 28
unite (diana), 28
unity (diana), 28
universe (unadot), 78
unkempt (asere), 21
ununtrium (ununtrium), 79
up (eyong), 36
upright (nne-nne), 60
uranium (uranium), 79
urinate (tok), 72
urine (ikim), 41
us (afed), 17
USA (USA), 79
usage (kama), 47
use (kama), 47
user (andikama), 20

v (v), 81
vaccinate (unor ibok), 78
vaccine (editibe), 31
vagina (itit), 46
valiant (valiant), 81
value (mma), 55
value (utum-kama), 80
van (mkpo isang), 54
vanadium (vanadium), 81
vase (iko flower), 41
vehicle (mkpo isang), 54
vein (asip), 21
Venda (venda), 81
venom (venom), 81
ventilator (mkpo-usin ebifik), 55
venue (itie), 45
verandah (esa), 34
verb (verb), 81
verse (ufang), 75

INDEX – INDEX

very (tutu), 73
very much (umiang), 78
vibrate (nyek), 62
victory (kan), 47
video (video), 81
village (idung), 41
vim (vim), 81
violet (violet), 81
virtue (eti), 35
virus (udongo udongo), 75
vision (nkikid), 59
visit (ke-se), 47
vitality (song), 69
voice (uyo), 81
vomit (kok), 48
vote (fik-ubọk), 36
vote (ufik-ubok), 76
voucher (nwed-akuk), 61
vowel (vowel), 81
vulture (utede), 79

w (w), 81
waah (waah), 81
waist (isin), 44
wait (bet), 24
wake (toi), 72
wake up (deme), 27
walk (isang), 44
wall (ndibene), 56
walnut (ekom), 32
want (yum), 83
war (ekong), 33
warehouse (ufok ubon-mkpo), 76
warn (kpan), 49
warning (kpan), 49
warrior (owo ekong), 65
wash (yet), 82
wasted (uyagha), 80

watch (bem), 24
water (mmong), 55
watermelon (watermelon), 81
wave (fim), 36
way (usung), 79
we (nnyin), 60
weak (mem), 53
wealth (imo), 43
weapon (mkpo ekong), 54
wear (sine), 69
weather (ayio), 23
weave (dok), 29
web (web), 81
website (website), 81
wed (do), 28
wedding (ndó), 57
Wednesday (ayoho usen ita ke udua), 23
wee hours (ubiak-usen), 73
weed (mbiet), 52
week (udua), 75
weigh (domo), 29
weight (udop), 75
welcome (emedi), 33
well (afon), 17
well (ọfọn), 63
west (west), 81
wet (ndedeng), 56
what (nsido), 60
when (idaha ke), 39
when (ini-ke), 43
where (nmor), 59
whine (nyiik), 62
whip (ikpa), 42
white (afia), 17
who (anie owo), 20
whole (afed), 17
whose (anie), 20

why (ntaha), 60
wicked (ibaak), 38
wide (ufang), 75
widow (ebe kpa), 30
widowed (ebe-kpa), 30
widower (awan akpa), 22
wield (wield), 82
wife (awan), 9, 22
wild (idiok), 40
will (will), 82
win (kan), 47
wind (afim), 17
window (usung afum), 79
windy (afem), 17
wine (mmin), 55
wing (mbai), 52
winter (ekarika), 32
wipe (kuohode), 50
wisdom (ifiok), 41
wise (ifiok), 41
wish (duak), 29
wish (udong), 74
witch (ifot), 41
witchcraft (ifot), 41
with (ye), 82
withdraw (sio), 69
witness (ntiensé), 61
woman (owo uwan ekamba awowan), 32
womb (itie-eyen), 45
wonderful (mkpa idem), 53
wood (eto), 35
word (iko iko), 41
work (utom utom), 80
work (utom), 80
worker (anam-utom), 14, 20
workshop (itie-ubokutom), 45
world (ererimbot), 34

worm (utung), 80
worry (fana), 36
worship (kpono), 50
wow (iya), 46
wring (furo), 37
wrist (itong ubok), 46
write (wet), 81
writer (awed nwed), 22
writing (nwed), 61
wrong (dwe), 30
wrongly (dwe), 30

x (x), 82
xenon (xenon), 82
xylophone (ikon), 42
xylopia (xylopia), 82

y (y), 82
Yaa (i), 38
yam (bia), 24
yard (yaat), 82
yawn (adunwan), 17
yaws (yaws), 82
ye (ye), 82
year (isua), 45
yell (bong), 25
yellow (jellow), 46
yes (ntoro), 61
yesterday (mkpong), 55
you (afo), 17
you (youe), 83
you (youes), 83
you (yous), 83
young (abaak), 16
your (afo), 17
your (ake-mfo), 18
yours (ake-mfo), 18
yourself (idem-mfo), 40

yourselves (idem-mfo), 40
ytterbium (ytterbium), 83
yttrium (yttrium), 83

z (z), 83
Zambia (Zambia), 83
Zambian (zambian), 83
zebra (zebra), 83
zero (ikpu-ikpu), 42
Zimbabwe (Zimbabwe), 83
Zimbabwean (Zimbabwean), 83
zinc (zinc), 83
zirconium (zirconium), 83
Zulu (zulu), 83

Efik kasahorow

efi.kasahorow.org/app/l

•

KWID: D-KKKK1-EFI-EN-2022-01-14
`https://www.kasahorow.org/booktalk`
Afo! Thank you!

Printed in Great Britain
by Amazon